Immanuel Kant

Politische Meinungen oder die Redensart:

bieß mag zwar theoretisch wahr sein, ist aber in Brari nicht anwendbar

Immanuel Kant

Politische Meinungen oder die Redensart:
bieß mag zwar theoretisch wahr sein,ist aber in Brari nicht anwendbar

ISBN/EAN: 9783744639279

Hergestellt in Europa, USA, Kanada, Australien, Japan

Cover: Foto ©Suzi / pixelio.de

Weitere Bücher finden Sie auf **www.hansebooks.com**

J. Kants
politische Meinungen,

oder

über die Redensart:

dieß mag zwar theoretisch wahr sein, ist aber in
Praxi nicht anwendbar.

1794.

Ueber den Gemeinspruch:

Das mag in der Theorie richtig sein, taugt aber nicht für die Praxis.

Man nennt einen Inbegrif selbst von praktischen Regeln alsdann Theorie, wenn diese Regeln, als Prinzipien, in einer gewissen Allgemeinheit gedacht werden, und dabei von einer Menge Bedingungen abstrahirt wird, die doch auf ihre Ausübung nothwendig Einfluß haben. Umgekehrt, heißt nicht jede Handthierung, sondern nur diejenige Bewirkung eines Zwecks Praxis, welche als Befolgung gewisser im Allgemeinen vorgestellten Prinzipien des Verfahrens gedacht wird.

Daß zwischen der Theorie und Praxis noch ein Mittelglied der Verknüpfung und des Ueberganges von der einen zur anderen erfordert werde, die Theorie mag auch so vollständig sein wie sie wolle, fällt in die Augen; denn, zu dem Verstandesbegriffe welcher die Regel enthält, muß ein Aktus der Urtheilskraft hinzukommen, wodurch der Praktiker unterscheidet, ob etwas der Fall der Regel sei oder nicht; und, da für die Urtheilskraft nicht immer wiederum Regeln gegeben werden können, wornach sie sich in der Subsumzion zu richten habe (weil das ins Unendliche gehen würde), so kann es Theoretiker geben, die in ihrem Leben nie praktisch werden können, weil es ihnen an Urtheilskraft fehlt: z. B. Aerzte, oder Rechtsgelehrte, die ihre Schule gut gemacht haben, die aber, wenn sie ein Konsilium zu geben haben, nicht wissen wie sie sich benehmen sollen. — Wo aber diese Naturgabe auch angetroffen wird, da kann es doch noch einen Mangel an Prämissen geben; d. i. die Theorie kann unvollständig und die Ergänzung derselben vielleicht nur durch noch anzustellende Versuche und Erfahrungen geschehen, von denen der aus seiner Schule kommende Arzt, Landwirth, oder Kameralist, sich neue Regeln abstrahiren, und seine Theorie vollständig machen kann und soll. Da lag es dann nicht an der Theorie, wenn sie zur Praxis noch wenig taugte, sondern daran, daß nicht genug Theorie da war, welche der Mann von der Erfahrung hätte ler=

nen sollen; und welche wahre Theorie ist, wenn er sie gleich nicht von sich zu geben, und, als Lehrer, in allgemeinen Sätzen systematisch vorzutragen im Stande ist, folglich auf den Namen eines Theoretischen Arztes, Landwirths und dergleichen keinen Anspruch machen kann. — Es kann also Niemand sich für praktisch bewandert in einer Wissenschaft ausgeben und doch die Theorie verachten, ohne sich bloß zu geben, daß er in seinem Fache ein Ignorant sei: indem er glaubt, durch Herumtappen in Versuchen und Erfahrungen, ohne sich gewisse Prinzipien (die eigentlich das ausmachen, was man Theorie nennt) zu sammeln, und ohne sich ein Ganzes (welches, wenn dabey methodisch verfahren wird, System heißt) über sein Geschäft gedacht zu haben, weiter kommen zu können, als ihn die Theorie zu bringen vermag.

Indeß ist doch noch eher zu dulden, daß ein Unwissender die Theorie bei seiner vermeintlichen Praxis für unnöthig und entbehrlich ausgebe, als daß ein Klügling sie und ihren Werth für die Schule (um etwa nur den Kopf zu üben) einräumt, dabei aber zugleich behauptet: daß es in der Praxis ganz anders laute; daß, wenn man aus der Schule sich in die Welt begiebt, man inne werde, leeren Idealen und philosophischen Träumen nach gegangen zu sein; mit Einem Wort, daß, was in der Theorie sich gut hören läßt, für die Praxis von keiner Gültigkeit sei. (Man drückt dieses oft auch so aus: dieser oder jener Saz gilt zwar in thesi, aber nicht in hypothesi.) Nun würde man den empirischen Maschinisten, welcher über die allgemeine Mechanik, oder den Artilleristen, welcher über die mathematische Lehre vom Bombenwurf so absprechen wollte, daß die Theorie davon zwar fein ausgedacht, in der Praxis aber gar nicht gültig sei, weil bei der Ausübung die Erfahrung ganz andere Resultate gebe als die Theorie, nur belachen (denn, wenn zu der ersten noch die Theorie der Reibung, zur zweiten die des Widerstandes der Luft, mithin überhaupt nur noch mehr Theorie hinzu käme, so würden sie mit der Erfahrung gar wohl zusammen stimmen). Allein es hat doch eine ganz andere Bewandniß mit einer Theorie, welche Gegenstände der Anschauung betrift, als mit derjenigen, in welcher diese nur durch Begriffe vorgestellt werden (mit Objekten der Mathematik, und Objekten der Philosophie): welche lezteren vielleicht ganz wohl und ohne Tadel (von Seiten der Vernunft) gedacht, aber vielleicht gar nicht gegeben werden können, sondern wohl bloß leere Ideen sein mögen, von denen in der Praxis entweder gar kein, oder sogar ein ihr nachtheiliger Gebrauch gemacht werden würde. Mithin könnte jener Gemeinspruch doch wohl in solchen Fällen seine gute Richtigkeit haben.

Allein in einer Theorie, welche auf dem Pflichtsbegrif gegründet ist, fällt die Besorgniß wegen der leeren Idealität dieses Begrifs ganz weg. Denn es würde nicht Pflicht sein, auf eine gewisse Wirkung unsers Willens auszugehen, wenn diese nicht auch in der Erfahrung (sie mag nun als vollendet, oder der Vollendung sich immer annähernd gedacht werden,) möglich wäre; und von dieser Art der Theorie ist in gegenwärtiger Abhandlung nur die Rede. Denn, von ihr wird, zum Skandal der Philosophie, nicht selten vorgeschüzt, daß, was in ihr richtig sein mag, doch für die Praxis ungültig sei: und zwar in einem vornehmen wegwerfenden Ton, voll Anmaßung, die Vernunft selbst in dem, worin sie ihre höchste Ehre sezt, durch Erfahrung reformiren zu wollen; und in einem Weisheitsdünkel, mit Maulwurfsaugen, die auf die leztere geheftet sind, weiter und sicherer sehen zu können, als mit Augen, welche einem Wesen zu Theil geworden, das aufrecht zu stehen und den Himmel anzuschauen gemacht war.

Diese, in unsern spruchreichen und thatkeeren Zeiten, sehr gemein gewordene Maxime richtet nun, wenn sie etwas Moralisches (Tugend- oder Rechtspflicht) betrift, den größten Schaden an. Denn hier ist es um den Kanon der Vernunft (im Praktischen) zu thun, wo der Werth der Praxis gänzlich auf ihrer Angemessenheit zu der ihr untergelegten Theorie beruht, und Alles verloren ist, wenn die empirischen und daher zufälligen Bedingungen der Ausführung des Gesezes zu Bedingungen des Gesezes selbst gemacht, und so eine Praxis, welche auf einen nach bisheriger Erfahrung wahrscheinlichen Ausgang berechnet ist, die für sich selbst bestehende Theorie zu meistern berechtigt wird.

Die Eintheilung dieser Abhandlung mache ich nach den drei verschiedenen Standpunkten, aus welchen der über Theorieen und Systeme so keck absprechende Ehrenmann seinen Gegenstand zu beurtheilen pflegt; mithin in dreifacher Qualität: 1) als Privat- aber doch Geschäftsmann, 2) als Staatsmann, 3) als Weltmann, (oder Weltbürger überhaupt). Diese drei Personen sind nun darin einig, dem Schulmann zu Leibe zu gehen, der für sie alle und zu ihrem Besten Theorie bearbeitet: um, da sie es besser zu verstehen wähnen, ihn in seine Schule zu weisen (illa se jactet in aula), als einen Pedanten, der, für die Praxis verdorben, ihrer erfahrenen Weisheit nur im Wege steht.

Wir werden also das Verhältniß der Theorie zur Praxis in drei Numern: erstlich, in der Moral überhaupt (in Absicht auf das Wohl jedes Menschen), zweitens in der Politik (in Beziehung auf das Wohl der Staaten), drittens in kosmopolitischer Betrachtung (in Absicht auf das Wohl der Menschengattung im Ganzen, und zwar so fern sie im Fortschreiten zu demselben in der Reihe der Zeugungen aller künftigen Zeiten begriffen ist), vorstellig machen. — Die Betitelung der Numeren aber wird, aus Gründen, die sich aus der Abhandlung selbst ergeben, durch das Verhältniß der Theorie zur Praxis in der Moral, dem Staatsrecht, und dem Völkerrecht ausgedrückt werden.

Von dem Verhältniß der Theorie zur Praxis
in der Moral überhaupt.

(Zur Beantwortung einiger Einwürfe des Hrn.
Prof. Garve *).

Ehe ich zu dem eigentlichen Streitpunkte über
das, was im Gebrauche eines und desselben Begrifs bloß für die Theorie, oder für die Praxis
gültig sein mag, komme; muß ich meine Theorie, so wie ich sie anderwärts vorgestellt habe,
mit der Vorstellung zusammen halten, welche
Herr Garve davon giebt, um vorher zu sehen,
ob wir uns einander auch verstehen.

A. Ich hatte die Moral, vorläufig, als zur

---

*) Versuche über verschiedne Gegen-
ständ e aus der Moral und Litteratur,
von Ch. Garve. Erster Theil, S. 111. bis
116. Ich nenne die Bestreitung meiner Säze
Einwürfe dieses würdigen Mannes gegen das,
worüber er sich mit mir (wie ich hoffe) einzu-
verstehen wünscht; nicht Angriffe, die als absprechende Behauptungen zur Vertheidigung rei-
zen sollten: wozu weder hier der Ort, noch bei
mir die Neigung ist.

Einleitung, für eine Wissenschaft erklärt, die da lehrt, nicht wie wir glücklich, sondern der Glückseligkeit würdig werden sollen *). Hiebei hatte ich nicht verabsäumt anzumerken, daß dadurch dem Menschen nicht angesonnen werde, er solle, wenn es auf Pflichtbefolgung ankommt, seinem natürlichen Zwecke, der Glückseligkeit, entsagen; denn das kann er nicht, so wie kein endliches vernünftiges Wesen überhaupt; sondern er müsse, wenn das Gebot der Pflicht eintritt, gänzlich von dieser Rücksicht abstrahiren; er müsse sie durchaus nicht zur Bedingung der Befolgung

---

*) Die Würdigkeit glücklich zu sein ist diejenige, auf dem selbst eigenen Willen des Subjekts beruhende Qualität einer Person, in Gemäßheit mit welcher eine allgemeine (der Natur sowohl als dem freien Willen) gesezgebende Vernunft zu allen Zwecken dieser Person zusammenstimmen würde. Sie ist also von der Geschicklichkeit sich ein Glück zu erwerben gänzlich unterschieden. Denn selbst dieser, und des Talents, welches ihm die Natur dazu verliehen hat, ist er nicht werth, wenn er einen Willen hat, der mit dem, welcher allein sich zu einer allgemeinen Gesezgebung der Vernunft schickt, nicht zusammen stimmt, und darin nicht mit enthalten sein kann (d. i. welcher der Moralität widerstreitet).

des ihm durch die Vernunft vorgeschriebenen Gesezes machen; ja sogar, so viel ihm möglich ist, sich bewußt zu werden suchen, daß sich keine von jener hergeleitete Triebfeder in die Pflichtbestimmung unbemerkt mit einmische: welches dadurch bewirkt wird, daß man die Pflicht lieber mit Aufopferungen verbunden vorstellt, welche ihre Beobachtung (die Tugend) kostet, als mit den Vortheilen, die sie uns einbringt: um das Pflichtgebot in seinem ganzen, unbedingten Gehorsam fordernden, sich selbst genugsamen und keines andern Einflusses bedürftigen, Ansehen sich vorstellig zu machen.

a. Diesen meinen Saz drückt Hr. Garve nun so aus: „ich hätte behauptet, daß die Be„obachtung des moralischen Gesezes, ganz ohne „Rücksicht auf Glückseligkeit, der einzige End„zweck für den Menschen sei, daß sie, als der „einzige Zweck des Schöpfers, angesehen wer„den müsse." (Nach meiner Theorie, ist weder die Moralität des Menschen für sich, noch die Glückseligkeit für sich allein, sondern das Höchste in der Welt mögliche Gut, welches in der Vereinigung und Zusammenstimmung beider besteht, der einzige Zweck des Schöpfers.)

B. Ich hatte ferner bemerkt, daß dieser Begrif von Pflicht keinen besondern Zweck zum

Grunde zu legen nöthig habe, vielmehr einen andern Zweck für den Willen des Menschen herbei führe, nehmlich: auf das Höchste in der Welt mögliche Gut (die im Weltganzen mit der reinesten Sittlichkeit auch verbundene, allgemeine, jener gemäße, Glückseligkeit,) nach allem Vermögen hinzuwirken: welches, da es zwar von einer, aber nicht von beiden Seiten zusammengenommen, in unserer Gewalt ist, der Vernunft den Glauben an einen moralischen Weltherrscher und an ein künftiges Leben in praktischer Absicht abnöthigt. Nicht, als ob nur unter der Voraussezung beider der allgemeine Pflichtbegrif allererst „Halt und Festigkeit," d. i. einen sicheren Grund und die erforderliche Stärke einer Triebfeder, sondern damit er nur an jenem Ideal der reinen Vernunft auch ein Objekt bekomme *).

---

*) Das Bedürfniß, ein Höchstes auch durch unsere Mitwirkung mögliches Gut in der Welt, als den Endzweck aller Dinge, anzunehmen, ist nicht ein Bedürfniß aus Mangel an moralischen Triebfedern, sondern an äußeren Verhältnissen, in denen allein, diesen Triebfedern gemäß, ein Objekt, als Zweck an sich selbst (als moralischer Endzweck) hervorgebracht werden kann. Denn ohne allen Zweck kann kein Wille sein; obgleich man, wenn es bloß auf gesezliche Nöthi-

Denn an sich ist Pflicht nichts anders, als Einschränkung des Willens auf die Bedingung einer allgemeinen, durch eine angenommene Maxime möglichen Gesezgebung, der Gegenstand desselben, oder der Zweck, mag sein welcher er wolle (mithin auch die Glückseligkeit); von welchem aber, und auch von jedem Zweck, den man

gung der Handlungen ankömmt, von ihm abstrahiren muß und das Gesez allein den Bestimmungsgrund desselben ausmacht. Aber nicht jeder Zweck ist moralisch (z. B. nicht der der eignen Glückseligkeit), sondern dieser muß uneigennüzig sein; und das Bedürfniß eines durch reine Vernunft aufgegebenen, das Ganze aller Zwecke unter einem Prinzip befassenden Endzwecks (eine Welt als das Höchste auch durch unsere Mitwirkung mögliche Gut), ist ein Bedürfniß des sich noch über die Beobachtung der formalen Geseze zu Hervorbringung eines Objekts (das Höchste Gut) erweiternden uneigennüzigen Willens. — Dieses ist eine Willensbestimmung von besonderer Art, nehmlich durch die Idee des Ganzen aller Zwecke, wo zum Grunde gelegt wird: daß, wenn wir zu Dingen in der Welt in gewissen moralischen Verhältnissen stehen, wir allerwärts dem moralischen Gesez gehorchen müssen; und über das noch die Pflicht hinzukommt, nach allem Vermögen es zu bewirken, daß ein solches Verhältniß (eine Welt, den sittlichen höchsten Zwecken angemessen) existire. Hiebei haben mag, hiebei ganz abstrahirt wird. Bei der Frage vom Prinzip der Moral, kann also die Lehre vom Höchsten Gut, als lezten Zweck eines durch sie bestimmten und ihren Gesezen angemessenen Willens, (als episodisch) ganz übergangen und beiseite gesezt werden; wie sich auch in der Folge zeigt, daß, wo es auf den eigent-

---

denkt sich der Mensch nach der Analogie mit der Gottheit, welche, ob zwar subjektiv, keines äußern Dinges bedürftig; gleichwohl nicht gedacht werden kann, daß sie sich in sich selbst verschlösse, sondern das höchste Gut außer sich hervorzubringen, selbst durch das Bewußtsein ihrer Allgenugsamkeit, bestimmt sei: welche Nothwendigkeit (die beim Menschen Pflicht ist) am höchsten Wesen von uns nicht anders als moralisches Bedürfniß vorgestellt werden kann. Beim Menschen ist daher die Triebfeder, welche in der Idee des Höchsten durch seine Mitwirkung in der Welt möglichen Guts liegt, auch nicht die eigene dabei beabsichtigte Glückseligkeit, sondern nur diese Idee als Zweck an sich selbst, mithin ihre Verfolgung als Pflicht. Denn sie enthält nicht Aussicht in Glückseligkeit schlechthin, sondern nur einer Proporzion zwischen ihr und der Würdigkeit des Subjekts, welches es auch sei. Eine Willensbestimmung aber, die sich selbst und ihre Absicht, zu einem solchen Ganzen zu gehören, auf diese Bedingung einschränkt, ist nicht eigennüzig.

lichen Streitpunkt ankömmt, darauf gar nicht, sondern bloß auf die allgemeine Moral Rücksicht genommen wird.

b. Hr. Garve bringt diese Säze unter folgende Ausdrücke: „daß der Tugendhafte jenen „Gesichtspunkt (der eigenen Glückseligkeit) nie „aus den Augen verlieren könne, noch dürfe, — „weil er sonst den Uebergang in die unsichtbare „Welt, den zur Ueberzeugung vom Dasein Got„tes und von der Unsterblichkeit, gänzlich ver„löre; die doch, nach dieser Theorie, durchaus „nothwendig ist, „dem System Halt und Festig„keit zu geben;" und beschließt damit, die Summe der mir zugeschriebenen Behauptung kurz und gut so zusammen zu fassen: „Der Tugend„hafte strebt jenen Prinzipien zu Folge unauf„hörlich darnach, der Glückseligkeit würdig, „aber, in so fern er wahrhaftig tugendhaft ist, „nie darnach, glücklich zu sein." (Das Wort in so fern macht hier eine Zweideutigkeit, die vorher ausgeglichen werden muß. Es kann so viel bedeuten, als: in dem Aktus, da er sich als Tugendhafter seiner Pflicht unterwirft; und da stimmt dieser Saz mit einer Theorie vollkommen zusammen. Oder: wenn er überhaupt nur tugendhaft ist, und also selbst da, wo es nicht auf Pflicht ankommt und ihr nicht wider-

-itten wird, solle der Tugendhafte auf Glückseligkeit doch gar keine Rücksicht nehmen; und widerspricht das meinen Behauptungen gänzlich.)

Diese Einwürfe sind also nichts als Mißverständnisse (denn für Mißdeutungen mag ich sie nicht halten); deren Möglichkeit befremden müßte, wenn nicht der menschliche Hang, seinem einmal gewohnten Gedankengange auch in der Beurtheilung fremder Gedanken zu folgen, und so jenen in diese hinein zu tragen, ein solches Phänomen hinreichend erklärte.

Auf diese polemische Behandlung des obigen moralischen Prinzips folgt nun eine Dogmatische Behauptung des Gegentheils. Hr. G. schließt nehmlich analytisch so: „In der Ordnung der Begriffe muß das Wahrnehmen und Unterscheiden der Zustände, wodurch einem vor dem andern der Vorzug gegeben wird, vor der Wahl eines unter denselben, und also vor der Vorausbestimmung eines gewissen Zwecks, vorher gehen. Ein Zustand aber, den ein mit dem Bewußtsein seiner selbst und seines Zustandes begabtes Wesen dann, wenn dieser Zustand gegenwärtig ist, und von ihm wahrgenommen wird, andern Arten zu sein vorzieht, ist ein guter Zustand; und eine Reihe solcher

„guten Zustände ist der allgemeinste Begrif, den
„das Wort Glückseligkeit ausdrückt." — Ferner:
„Ein Gesez sezet Motive, Motive aber sezen ei-
„nen vorher wahrgenommenen Unterschied eines
„schlechteren Zustandes von einem besseren vor-
„aus. Dieser wahrgenommene Unterschied ist
„das Element des Begrifs der Glückseligkeit, u.
„s. w." Ferner: „Aus der Glückseligkeit, im
„allgemeinsten Sinne des Worts, entspringen
„die Motive zu jedem Bestreben; also auch zur
„Befolgung des moralischen Gesezes. Ich muß
„erst überhaupt wissen, daß etwas gut ist, ehe
„ich fragen kann, ob die Erfüllung der morali-
„schen Pflichten unter die Rubrik des Guten ge-
„höre; der Mensch muß eine Triebfeder haben,
„die ihn in Bewegung sezt, ehe man ihm ein
„Ziel vorstecken kann *), wohin diese Bewegung
„gerichtet werden soll."

---

*) Das ist ja gerade dasjenige, worauf ich
dringe. Die Triebfeder, welche der Mensch vorher haben kann, ehe ihm ein Ziel (Zweck) vor-
gesteckt wird, kann doch offenbar nichts andres
sein, als das Gesez selbst, durch die Achtung,
die es (unbestimmt, welche Zwecke man haben
und durch dessen Befolgung erreichen mag) einflößt. Denn das Gesez in Ansehung des Formalen der Willkühr ist ja das einzige, was übrig

Dieses Argument ist nichts weiter als ein Spiel mit der Zweideutigkeit des Worts das Gute: da dieses entweder, als an sich und unbedingt Gut, im Gegensaz mit dem an sich Bösen; oder, als immer nur bedingterweise Gut, mit dem schlechteren oder besseren Guten verglichen wird, da der Zustand der Wahl des leztern nur ein komparativ-besserer Zustand, an sich selbst aber doch böse sein kann. — Die Maxime einer unbedingten, auf gar keine zum Grunde gelegte Zwecke Rücksicht nehmenden Beobachtung eines kategorisch gebietenden Gesezes der freien Willkühr (d. i. der Pflicht), ist von der Maxime: dem, als Motiv zu einer gewissen Handlungsweise, uns von der Natur selbst untergelegten Zweck (der im Allgemeinen Glückseligkeit heißt) nachzugehen, wesentlich, d. i. der Art nach, unterschieden. Denn die erste ist an sich selbst gut, die zweite keinesweges; sie kann, im Fall der Kollision mit der Pflicht, sehr böse sein. Hingegen, wenn ein gewisser Zweck zum Grunde gelegt wird, mithin kein Gesez unbedingt (sondern nur unter der Bedingung dieses Zwecks)

bleibt, wann ich die Materie der Willkühr (das Ziel, wie sie Hr. G. nennt) aus dem Spiel gelassen habe.

gebletet, so können zwei entgegengesezte Handlungen beide bedingterweise gut sein, nur eine besser als die andere (welche leztere daher komparativ-böse heißen würde); denn sie sind nicht der Art, sondern bloß dem Grade nach von einander unterschieden. Und so ist es mit allen Handlungen beschaffen, deren Motiv nicht das unbedingte Vernunftgesez (Pflicht), sondern ein von uns willkührlich zum Grunde gelegter Zweck ist: denn dieser gehört zur Summe aller Zwecke, deren Erreichung Glückseligkeit genannt wird; und eine Handlung kann mehr, die andere weniger, zu meiner Glückseligkeit beitragen, mithin besser oder schlechter sein als die andere. — Das Vorziehen aber eines Zustandes der Willensbestimmung vor dem andern ist bloß ein Aktus der Freiheit, (res merae facultatis, wie die Juristen sagen); bei welchem, ob diese (Willensbestimmung) an sich gut oder böse ist, gar nicht in Betrachtung gezogen wird, mithin in Ansehung beider gleichgeltend.

Ein Zustand, in Verknüpfung mit einem gewissen gegebenen Zwecke zu sein, den ich jedem anderen von derselben Art vorziehe, ist ein komparativ besserer Zustand, nemlich im Felde der Glückseligkeit (die nie anders als bloß bedingter Weise, sofern man ihrer würdig ist, von der

Vernunft als Gut anerkannt wird.) Derjenige Zustand aber, da ich, im Falle der Kollision gewisser meiner Zwecke mit dem moralischen Gesetze der Pflicht, diese vorzuziehen mir bewußt bin, ist nicht bloß ein besserer, sondern der allein an sich gute Zustand: ein Gutes aus einem ganz andern Felde, wo auf Zwecke, die sich mir anbieten mögen (mithin auf ihre Summe, die Glükseligkeit) gar nicht Rüksicht genommen wird, und wo nicht die Materie der Willkür (ein ihr zum Grunde gelegtes Objekt,) sondern die bloße Form der allgemeinen Gesetzmäßigkeit ihrer Maxime, den Bestimmungsgrung derselben ausmacht. — Also kann keineswegs gesagt werden, daß jeder Zustand, den ich jeder andern Art zu sein vorziehe, von mir zur Glückseligkeit gerechnet werde. Denn zuerst muß ich sicher sein, daß ich meiner Pflicht nicht zuwider handle; nachher allererst ist es mir erlaubt, mich nach Glückseligkeit umzusehen, wie viel ich deren mit jenem meinem moralisch: (nicht physisch:) guten Zustande vereinigen kann *).

---

*) Glückseligkeit enthält alles (und auch nichts mehr, als) was uns die Natur verschaffen; Tugend aber das, was Niemand als der Mensch selbst sich geben oder nehmen kann. Wollte man

Allerdings muß der Wille Motive haben; aber diese sind nicht gewisse vorgesetzte, aufs physische Gefühl bezogene Objekte, als Zwecke, sondern nichts als das unbedingte Gesez selbst: für welches die Empfänglichkeit des Willens, sich unter ihm, als unbedingter Nöthigung, zu befinden, das Moralische Gefühl heißt; welches also nicht Ursache, sondern Wirkung der Willensbestimmung ist, von welchem wir nicht die mindeste Wahrnehmung in uns haben würden, wenn jene Nöthigung in uns nicht vorherginge. Daher das alte Lied: daß dieses Gefühl, mit-

dagegen sagen: daß durch die Abweichung von der letzteren der Mensch sich doch wenigstens Vorwürfe und reinen moralischen Selbsttadel, mithin Unzufriedenheit zuziehen, folglich sich unglücklich machen könne; so mag das allenfalls eingeräumt werden. Aber dieser reinen moralischen Unzufriedenheit (nicht aus den für ihn nachtheiligen Folgen der Handlung, sondern aus ihrer Gesetzwidrigkeit selbst) ist nur der Tugendhafte, oder der auf dem Wege ist es zu werden, fähig. Folglich ist sie nicht die Ursache, sondern nur die Wirkung davon, daß er tugendhaft ist; und der Bewegungsgrund tugendhaft zu sein, konnte nicht von diesem Unglük (wenn man den Schmerz aus einer Unthat so nennen will) hergenommen sein.

hin eine Lust, die wir uns zum Zweck machen, die erste Ursache der Willensbestimmung, folglich die Glükseligkeit (wozu jene als Element gehöre) doch den Grund aller objektiven Nothwendigkeit zu handeln, folglich aller Verpflichtung ausmache; unter die vernünftelnden Tändeleien gehört. Kann man nehmlich bei Anführung einer Ursache zu einer gewissen Wirkung nicht aufhören zu fragen, so macht man endlich die Wirkung zur Ursache von sich selbst.

Jetzt komme ich auf den Punkt, der uns hier eigentlich beschäftigt; nehmlich das vermeintlich in der Philosophie sich widerstreitende Interesse der Theorie und der Praxis durch Beispiele zu belegen und zu prüfen. Den besten Belag hiezu giebt Hr. G. in seiner genannten Abhandlung. Zuerst sagt er (indem er von dem Unterschiede, den ich zwischen einer Lehre finde, wie wir glücklich und derjenigen, wie wir der Glückseligkeit würdig werden sollen, spricht) :
„Ich für mein Theil gestehe, daß ich diese Thei„lung der Ideen in meinem Kopfe sehr wohl „begreife, daß ich aber diese Theilung der Wün„sche und Bestrebungen in meinem Herzen nicht „finde ; daß es mir sogar unbegreiflich ist, wie „irgend ein Mensch sich bewußt werden kann, „sein Verlangen nach Glückseligkeit selbst rein

„abgesondert, und also die Pflicht, ganz unei„gennützig ausgeübt zu haben."

Ich antworte zuförderst auf das letztere. Nehmlich ich räume gern ein, daß kein Mensch sich mit Gewißheit bewußt werden könne, seine Pflicht ganz uneigennützig ausgeübt zu haben: denn das gehört zur inneren Erfahrung, und es würde zu diesem Bewußtsein seines Seelenzustandes eine durchgängig klare Vorstellung aller sich dem Pflichtbegriffe, durch Einbildungskraft, Gewohnheit und Neigung, beigesellenden Nebenvorstellungen und Rücksichten gehören, die in keinem Falle gefordert werden kann; auch überhaupt kann das Nichtsein von Etwas (mithin auch nicht von einem in Geheim gedachten Vortheil) kein Gegenstand der Erfahrung sein. Daß aber der Mensch seine Pflicht ganz uneigennützig ausüben solle, und sein Verlangen nach Glückseligkeit völlig vom Pflichtbegriffe absondern müsse, um ihn ganz rein zu haben: dessen ist er sich mit der grüßten Klarheit bewußt; oder, glaubte er nicht es zu sein, so kann von ihm gefordert werden, daß er es sei, so weit es in seinem Vermögen ist; weil eben in dieser Reinigkeit der wahre Werth der Moralität anzutreffen ist, und er muß es also auch können. Vielleicht mag nie ein Mensch seine erkannte und von ihm auch verehrte Pflicht ganz uneigennützig (ohne Beimischung anderer Triebfedern) ausgeübt haben; vielleicht wird auch nie einer bei der größten Bestrebung so weit gelangen. Aber, so viel er bei der sorgfältigsten Selbstprüfung in sich wahrnehmen kann, nicht allein keiner solchen mitwirkenden Motive, sondern vielmehr der Selbstverläugnung in Ansehung vieler der Idee der Pflicht entgegenstehenden, mithin der Maxime zu jener Reinigkeit hinzustreben, sich bewußt zu werden: das vermag er; und das ist auch für seine Pflichtbeobachtung genug. Hingegen die Begünstigung des Einflusses solcher Motive sich zur Maxime zu machen, unter dem Vorwande, daß die menschliche Natur eine solche Reinigkeit nicht verstatte (welches er doch auch nicht mit Gewißheit behaupten kann): ist der Tod aller Moralität.

Was nun das kurz vorhergehende Bekenntniß des Hrn. G. betrift, jene Theilung (eigentlich Sonderung) nicht in seinem Herzen zu finden; so trage ich kein Bedenken, ihm in seiner Selbstbeschuldigung geradezu zu widersprechen, und sein Herz wider seinen Kopf in Schutz zu nehmen. Er, der rechtschaffene Mann, fand sie wirklich jederzeit in seinem Herzen (in seinen Willensbestimmungen); aber sie wollte sich nur nicht zum Behuf der Spekulazion und zur Begreifung dessen was unbegreiflich (unerklärlich) ist, nehmlich der Möglichkeit kategorischer Imperative, (dergleichen die der Pflicht sind) in seinem Kopf mit den gewohnten Prinzipien psychologischer Erklärungen (die insbesammt den Mechanism der Naturnothwendigkeit zum Grunde legen) zusammen reimen *).

---

*) Hr. P. Garve thut (in seinen Anmerkungen zu Cicero's Buch von den Pflichten S. 69. Ausg. von 1783.) das merkwürdige und seines Scharfsinns werthe Bekenntniß: „Die Freiheit werde, nach seiner innigsten Ueberzeugung, immer unauflöslich bleiben und nie erklärt werden." Ein Beweis von ihrer Wirklichkeit kann schlechterdings nicht, weder in einer unmittelbaren noch mittelbaren Erfahrung, angetroffen werden; und ohne allen Beweis kann man sie doch auch nicht annehmen. Da nun ein Beweis derselben nicht aus bloß theoretischen Gründen, (denn diese würden in der Erfahrung gesucht werden müssen), mithin aus bloß praktischen Vernunftsätzen, aber auch nicht aus technisch-praktischen (denn die würden wieder Erfahrungsgründe erfordern), folglich nur aus moralisch-praktischen geführt werden kann; so muß man sich wundern, warum Hr. G. nicht zum Begriffe der Freiheit seine Zuflucht nahm, um wenigstens die Möglichkeit solcher Imperativen zu retten.

Wenn aber Hr. G. zuletzt sagt: „Solche seine Unterschiede der Ideen verdunkeln sich schon im Nachdenken über partikuläre Gegenstände; aber sie verlieren sich gänzlich, wenn es aufs Handeln ankömmt, wenn sie auf Begierden und Absichten angewandt werden sollen. Je einfacher, schneller und von klaren Vorstellungen entblößter der Schritt ist, durch den wir von der Betrachtung der Motive zum wirklichen Handeln übergehen; desto weniger ist es möglich, das bestimmte Gewicht, welches jedes Motiv hinzu gethan hat, den Schritt so und nicht anders zu leiten, genau und sicher zu erkennen" — so muß ich ihm laut und eifrig widersprechen:

Der Begrif der Pflicht in seiner ganzen Reinigkeit ist nicht allein ohne allen Vergleich einfacher, klärer, für jedermann zum praktischen Gebrauch faßlicher und natürlicher, als jedes von der Glückseligkeit hergenommene, oder damit und mit der Rücksicht auf sie vermengte Motiv (welches jederzeit viel Kunst und Ueberlegung erfordert); sondern auch in dem Urtheile selbst der gemeinsten Menschenvernunft, wenn er nur an dieselbe, und zwar mit Absonderung, ja so gar in Entgegensetzung mit diesen an den Willen der Menschen gebracht wird, bei weitem kräftiger, eindringender und Erfolg versprechender, als alle von dem letzteren eigennützigen Prinzip entlehnte Bewegungsgründe. — Es sei z. B. der Fall: daß jemand ein anvertrautes fremdes Gut (depositum) in Händen habe, dessen Eigenthümer todt ist, und daß die Erben desselben davon nichts wissen, noch je etwas erfahren können. Man trage diesen Fall selbst einem Kinde, von etwa acht oder neun Jahren, vor; und zugleich, daß der Inhaber dieses Depositums (ohne sein Verschulden) gerade um diese Zeit in gänzlichen Verfall seiner Glücksumstände gerathen, eine traurige, durch Mangel niedergedrückte Familie von Frau und Kindern um sich sehe, aus welcher Noth er sich augenblicklich ziehen würde, wenn er jenes Pfand sichzueignete; zugleich sei er Menschenfreund und wohlthätig, jene Erben aber reich, lieblos, und dabei im höchsten Grad üppig und verschwenderisch, so daß es eben so gut wäre, als ob dieser Zusatz zu ihrem Vermögen ins Meer geworfen würde. Und nun frage man, ob es unter diesen Umständen für erlaubt gehalten werden könne, dieses Depositum in eigenen Nutzen zu verwenden? Ohne Zweifel wird der Befragte antworten: Nein! und statt aller Gründe nur bloß sagen können: es ist unrecht, d. i. es wiverstreitet der Pflicht. Nichts ist klärer als dieses; aber wahrlich nicht so: daß er seine eigene Glückseligkeit durch die Herausgabe befördere. Denn, wenn er von der Absicht auf die letztere, die Bestimmung seiner Entschliessung erwartete, so könnte er z. B. so denken: „Giebst du das bei dir befindliche fremde Gut unaufgefordert den wahren Eigenthümern hin, so werden sie dich vermuthlich für deine Ehrlichkeit belohnen; oder, geschieht das nicht, so wirst du dir einen ausgebreiteten guten Ruf, der dir sehr einträglich werden kann, erwerben. Aber alles dieses ist sehr ungewiß. Hingegen treten freilich auch manche Bedenklichkeiten ein: Wenn du das Anvertraute unterschlagen wolltest, um dich auf einmal aus deinen bedrängten Umständen zu ziehen, so würdest du, wenn du geschwinden Gebrauch davon machtest, Verdacht auf dich ziehen, wie und durch welche Wege du so bald zu einer Verbesserung deiner Umstände gekommen wärest; wolltest du aber damit langsam zu Werke gehen, so würde die Noth mittlerweile so hoch steigen, daß ihr gar nicht mehr abzuhelfen wäre." — Der Wille also nach der Maxime der Glückseligkeit schwankt zwischen seinen Triebfedern, was er beschliessen solle; denn er sieht auf den Erfolg und der ist sehr ungewiß; es erfordert einen guten Kopf, um sich aus dem Gedränge von Gründen und Gegengründen herauszuwickeln und sich in der Zusammenrechnung nicht zu betriegen. Dagegen wenn er sich fragt, was hier Pflicht sei: so ist er über die sich selbst zu gebende Antwort gar nicht verlegen, sondern auf der Stelle gewiß was er zu thun habe. Ja, er fühlt sogar, wenn der Begrif von Pflicht bei ihm etwas gilt, einen Abscheu sich auch nur auf den Ueberschlag von Vortheilen, die ihm aus ihrer Uebertretung erwachsen könnten, einzulassen, gleich als ob er hier noch die Wahl habe.

Daß also die Unterschiede (die, wie eben gezeigt worden, nicht so fein sind, als Hr. G. meint, sondern mit der gröbsten und leserlichsten Schrift in der Seele des Menschen geschrieben sind) sich, wie er sagt, gänzlich verlieren, wenn es aufs Handeln ankömmt: widerspricht selbst der eigenen Erfahrung. Zwar nicht derjenigen, welche die Geschichte der aus dem einen oder dem anderen Prinzip geschöpften Maximen darlegt: denn da beweiset sie leider, daß sie größtentheils aus dem letzteren (des Eigennutzes) fließen; sondern der Erfahrung, die nur innerlich sein kann, daß keine Idee das menschliche Gemüth mehr erhebt und bis zur Begeisterung belebt, als eben die von einer die Pflicht über alles verehrenden, mit zahllosen Uebeln des Lebens und selbst den verführerischsten Anlockungen desselben ringenden, und dennoch (wie man mit Recht annimmt, daß der Mensch es vermöge) sie besiegenden, reinen moralischen Gesinnung. Daß der Mensch sich bewußt ist, er könne dieses, weil er es soll: das eröfnet in ihm eine Tiefe göttlicher Anlagen, die ihm gleichsam einen heiligen Schauer über die Größe und Erhabenheit seiner wahren Bestimmung fühlen läßt. Und wenn der Mensch öfters darauf aufmerksam gemacht und gewöhnt würde, die Tugend von allem Reichthum ihrer aus der Beobachtung der Pflicht zu machenden Beute von Vortheilen gänzlich zu entladen, und sie in ihrer ganzen Reinigkeit sich vorzustellen; wenn es im Privat, und öffentlichen Unterricht Grundsaz würde davon beständig Gebrauch zu machen (eine Methode, Pflichten einzuschärfen, die fast jederzeit versäumt worden ist); so müßte es mit der Sittlichkeit der Menschen bald besser stehen. Daß die Geschichtserfahrung bisher noch nicht den guten Erfolg der Tugendlehren hat beweisen wollen, daran ist wohl eben die falsche Voraussetzung schuld: daß die von der Idee der Pflicht an sich selbst abgeleitete Triebfeder für den ge meinen Begrif viel zu frei sei, wogegen die größern von gewissen in dieser, ja wohl auch in' einer künftigen Welt aus der Befolgung des Gesetzes (ohne auf dasselbe als Triebfeder Acht zu haben) zu erwartenden Vortheilen hergenommene, kräftiger auf das Gemüth wirken würde; und daß man dem Trachten nach Glückseligkeit vor dem, was die Vernunft zur obersten Bedingung macht, nehmlich der Würdigkeit glücklich zu sein, den Vorzug zu geben, bisher zum Grundsaz der Erziehung und des Kanzelvortrages gemacht hat. Denn Vorschriften, wie man sich glücklich machen, wenigstens seinen Nachtheil verhüten könne, sind keine Gebote. Sie binden niemanden schlechterdings; und er mag, nachdem er gewarnet worden, wählen was ihm Gut dünkt, wenn er sich gefallen läßt zu leiden, was ihn trift. Die Uebel, die ihm alsdann aus der Verabsäumung des ihm gegebenen Raths entspringen dürften, hat er nicht Ursache für Strafen anzusehen: denn diese treffen nur den freien aber gesetzwidrigen Willen; Natur aber und Neigung können der Freiheit nicht Gesetze geben. Ganz anders ist es mit der Idee der Pflicht bewandt, deren Uebertretung, auch ohne auf die ihm daraus erwachsenden Nachtheile Rücksicht zu nehmen, unmittelbar auf das

Gemüth wirkt, und den Menschen in seinen eigenen Augen verwerflich und strafbar macht.

Hier ist nun ein klarer Beweis, daß alles, was in der Moral für die Theorie richtig ist, auch für die Praxis gelten müsse. — In der Qualität eines Menschen, als eines durch seine eigene Vernunft gewissen Pflichten unterworfenen Wesens, ist also jedermann ein Geschäftsmann; und, da er doch, als Mensch, der Schule der Weisheit nie entwächst, so kann er nicht etwa, als ein vermeintlich durch Erfahrung über das, was ein Mensch ist und was man von ihm fordern kann, besser belehrter, den Anhänger der Theorie mit stolzer Verachtung zur Schule zurückweisen. Denn alle diese Erfahrung hilft ihm nichts, um sich der Vorschrift der Theorie zu entziehen, sondern allenfalls nur zu lernen, wie sie besser und allgemeiner ins Werk gerichtet werden könne, wenn man sie in seine Grundsätze aufgenommen hat; von welcher pragmatischen Geschicklichkeit aber hier nicht, sondern nur von letzteren, die Rede ist.

II.

Vom Verhältniß der Theorie zur Praxis im Staatsrecht.

(Gegen Hobbes.)

Unter allen Verträgen, wodurch eine Menge von Menschen sich zu einer Gesellschaft verbindet (pactum sociale), ist der Vertrag der Errichtung einer Bürgerlichen Verfassung unter ihnen (pactum unionis civilis) von so eigenthümlicher Art, daß, ob er zwar in Ansehung der Ausführung Vieles mit jedem anderen (der eben sowohl auf irgend einen beliebigen gemeinschaftlich zu befördernden Zweck gerichtet ist) gemein hat, er sich doch im Prinzip seiner Stiftung (constitutionis civilis) von allen anderen wesentlich unterscheidet. Verbindung Vieler zu irgend einem (gemeinsamen) Zwecke (den Alle haben) ist in allen Gesellschaftsverträgen anzutreffen; aber Verbindung derselben, die an sich selbst Zweck ist (den ein jeder haben soll), mithin die in einem jeden äusseren Verhältnisse der Menschen überhaupt, welche nicht umhin können in wechselseitigen Einfluß auf einander zu gerathen, unbedingte und erste Pflicht ist: eine solche ist nur in einer Gesellschaft, so fern sie sich im Bürgerlichen Zustande befindet, d. i. ein Gemeines Wesen ausmacht, anzutreffen. Der Zweck nun, der in solchem äußern Verhältniß an sich selbst Pflicht und selbst die oberste formale Bedingung (conditio sine qua non) aller übrigen äußeren Pflicht ist, ist das Recht der Menschen unter öffentlichen Zwangsgesetzen, durch welche jedem das Seine bestimmt und gegen jedes Anderen Eingrif gesichert werden kann.

Der Begrif aber eines äußeren Rechts überhaupt geht gänzlich aus dem Begriffe der Freiheit im äußeren Verhältnisse der Menschen zu einander hervor; und hat gar nichts mit dem Zwecke den alle Menschen natürlicher Weise haben (der Absicht auf Glückseligkeit), und der Vorschrift der Mittel dazu zu gelangen, zu thun: so daß auch daher dieser letztere sich in jenes Gesetze schlechterdings nicht, als Bestimmungsgrund derselben, mischen muß. Recht ist die Einschränkung der Freiheit eines jeden auf die Bedingung ihrer Zusammenstimmung mit der Freiheit von jedermann, in so fern diese nach einem allgemeinen Gesetze möglich ist; und das öffentliche Recht ist der Inbegrif der äußeren

Gesetze, welche eine solche durchgängige Zusammenstimmung möglich machen. Da nun jede Einschränkung der Freiheit durch die Willkür eines Anderen Zwang heißt; so folgt, daß die bürgerliche Verfassung ein Verhältniß freier Menschen ist, die (unbeschadet ihrer Freiheit im Ganzen ihrer Verbindung mit anderen) doch unter Zwangsgesetzen stehen: weil die Vernunft selbst es so will, und zwar die reine a priori gesetzgebende Vernunft, die auf keinen empirischen Zweck (dergleichen alle unter dem allgemeinen Namen Glückseligkeit begriffen worden) Rücksicht nimmt; als in Ansehung dessen, und worin ihn ein jeder setzen will, die Menschen gar verschieden denken, so daß ihr Wille unter kein gemeinschaftliches Prinzip, folglich auch unter kein äußeres, mit jedermanns Freiheit zusammenstimmendes, Gesetz gebracht werden kann.

Der Bürgerliche Zustand also, bloß als rechtlicher Zustand betrachtet, ist auf folgende Prinzipien a priori gegründet:

1. Die Freiheit jedes Gliedes der Sozietät, als Menschen.

2. Die Gleichheit desselben mit jedem Anderen, als Unterthan.

3. Die Selbstständigkeit jedes Gliedes eines Gemeinen Wesens, als Bürgers.

Diese Prinzipien sind nicht sowohl Gesetze, die der schon errichtete Staat giebt, sondern nach denen allein eine Staatserrichtung, reinen Vernunftprinzipien des größeren Menschenrechts überhaupt gemäß, möglich ist. Also:

1. Die Freiheit als Mensch, deren Prinzip für die Konstituzion eines Gemeinen Wesens ich in der Formel ausdrücke: Niemand kann mich zwingen auf seine Art (wie er sich das Wohlsein anderer Menschen denkt) glücklich zu sein, sondern ein jeder darf seine Glückseligkeit auf dem Wege suchen, welcher ihm selbst gut dünkt, wenn er nur der Freiheit Anderer, einem ähnlichen Zwecke nachzustreben, die mit der Freiheit von jedermann nach einem möglichen allgemeinen Gesetze zusammen bestehen kann, (d. i. diesem Rechte des Andern) nicht Abbruch thut. — Eine Regierung, die auf dem Prinzip des Wohlwollens gegen das Volk als eines Vaters gegen seine Kinder errichtet wäre, d. i. eine väterliche Regierung (imperium paternale), wo also die Unterthanen als unmündige Kinder, die nicht unterscheiden können, was ihnen wahrhaftig nützlich oder schädlich ist, sich bloß passiv zu verhalten genöthigt sind, um, wie sie glücklich sein sollen, bloß von dem Urtheile des Staatsoberhaupts, und, daß dieser es auch wolle, bloß

von seiner Gütigkeit zu erwarten: ist der größte denkbare Despotismus (Verfassung, die alle Freiheit der Unterthanen, die alsdann gar keine Rechte haben, aufhebt.) Nicht eine väterliche, sondern eine vaterländische Regierung (imperium, non paternale, sed patrioticum) ist diejenige, welche allein für Menschen, die der Rechte fähig sind, zugleich in Beziehung auf das Wohlwollen des Beherrschers, gedacht werden kann. Patriotisch ist nehmlich die Denkungsart, da ein jeder im Staat (das Oberhaupt desselben nicht ausgenommen) das Gemeine Wesen als den mütterlichen Schooß, oder das Land als den väterlichen Boden, aus und auf dem er selbst entsprungen, und welchen er auch so als ein theures Unterpfand hinterlassen muß, betrachtet, nur um die Rechte desselben durch Gesetze des gemeinsamen Willens zu schützen, nicht aber es seinem unbedingten Belieben zum Gebrauch zu unterwerfen, sich für befugt hält. — Dieses Recht der Freiheit kömmt ihm, dem Gliede des Gemeinen Wesens, als Mensch zu, so fern dieser nehmlich ein Wesen ist, das überhaupt der Rechte fähig ist.

-2. Die Gleichheit als Unterthan, deren Formel so lauten kann: Ein jedes Glied des Gemeinen Wesens hat gegen jedes Andere Zwangsrechte, wovon nur das Oberhaupt desselben ausgenommen ist (darum weil er von jenem kein Glied, sondern der Schöpfer oder Erhalter desselben ist); welcher allein die Befugniß hat zu zwingen, ohne selbst einem Zwangsgesetze unterworfen zu sein. Es ist aber Alles, was unter Gesetzen steht, in einem Staate Unterthan, mithin dem Zwangsrechte, gleich allen andern Mitgliedern des gemeinen Wesens, unterworfen; einen Einzigen (physische oder moralische Person), das Staatsoberhaupt, durch das aller rechtliche Zwang allein ausgeübt werden kann, ausgenommen. Denn, könnte dieser auch gezwungen werden, so wäre er nicht das Staatsoberhaupt, und die Reihe der Unterordnung ginge aufwärts ins Unendliche. Wären aber ihrer Zwei (zwangsfreie Personen); so würde keiner derselben unter Zwangsgesetzen stehen, und Einer dem Andern kein Unrecht thun können: welches unmöglich ist.

Diese durchgängige Gleichheit der Menschen in einem Staat, als Unterthanen desselben, besteht aber ganz wohl mit der größten Ungleichheit, der Menge, und den Graden ihres Besitzthums, es sei an körperlicher oder Geistesüberlegenheit über Andere, oder an Glücksgütern ausser ihnen und an Rechten überhaupt (deren es viele geben kann) respektiv auf Andere; so daß des Einen Wohlfahrt sehr vom Willen des Anderen abhängt (des Armen vom Reichen), daß der eine Gehorsamen muß (wie das Kind den Ältern, oder das Weib dem Mann) und der Andere ihm befiehlt, daß der eine dient (als Taglöhner) der Andere lohnt, u. s. w. Aber dem Rechte nach (welches als der Ausspruch des allgemeinen Willens nur ein einziges sein kann, und welches die Form Rechtens, nicht die Materie oder das Objekt, worin ich ein Recht habe, betrift) sind sie dennoch, als Unterthanen, alle einander gleich; weil keiner irgend jemanden anders zwingen kann, als durch das öffentliche Gesetz (und den Vollzieher desselben, das Staatsoberhaupt), durch dieses aber auch jeder andere ihm in gleicher Maaße widersteht, niemand aber diese Befugniß zu zwingen (mithin ein Recht gegen andere zu haben) anders als durch sein eigenes Verbrechen verlieren, und es auch von selbst nicht aufgeben, d. i. durch einen Vertrag, mithin durch eine rechtliche Handlung, machen kann, daß er keine Rechte, sondern bloß Pflichten habe: weil er dadurch sich selbst des Rechts einen Kontrakt zu machen berauben, mithin dieser sich selbst aufheben würde.

Aus dieser Idee der Gleichheit der Menschen im Gemeinen Wesen als Unterthanen geht nun auch die Formel hervor: Jedes Glied desselben muß zu jeder Stufe eines Standes in demselben (die einem Unterthan zukommen kann) gelangen dürfen, wozu ihn sein Talent, sein Fleiß und sein Glück hinbringen können; und es dürfen ihm seine Mitunterthanen durch ein erbliches Prörogativ (als Privilegiaten für einen gewissen Stand) nicht im Wege stehen, um ihn und seine Nachkommen unter demselben ewig niederzuhalten.

Denn, da alles Recht bloß in der Einschränkung der Freiheit jedes Anderen auf die Bedingung besteht, daß sie mit der meinigen nach einem allgemeinen Gesetze zusammen bestehen könne, und das öffentliche Recht (in einem Gemeinen Wesen) bloß der Zustand einer wirklichen, diesem Prinzip gemäßen und mit Macht verbundenen Gesetzgebung ist, vermöge welcher sich alle zu einem Volk gehörige, als Unterthanen, in einem rechtlichen Zustand (status juridicus) überhaupt, nehmlich der Gleichheit der Wirkung und Gegenwirkung einer dem allgemeinen Freiheitsgesetze gemäß einander einschränkenden Willkür (welcher der Bürgerliche Zustand heißt) befinden; so ist das angeborne Recht eines jeden in diesem Zustande, (d. i. vor aller rechtlichen That desselben) in Ansehung der Befugniß jeden andern zu zwingen, damit er immer innerhalb den Gränzen der Einstimmung des Gebrauchs seiner Freiheit mit der meinigen bleibe, durchgängig gleich. Da nun Geburt keine That desjenigen ist, der geboren wird, mithin diesem dadurch keine Ungleichheit des rechtlichen Zustandes und keine Unterwerfung unter Zwangsgesetze, als bloß diejenige, die ihm als Unterthan der alleinigen obersten Gesetzgebenden Macht mit allen anderen gemein ist, zugezogen wird; so kann es kein angebornes Vorrecht eines Gliedes des Gemeinen Wesens, als Mitunterthans, vor dem anderen geben; und niemand kann das Vorrecht des Standes, den er im Gemeinen Wesen inne hat, an seine Nachkommen vererben, mithin, gleichsam als zum Herrenstande durch Geburt qualifizirt, diese auch nicht Zwangsmäßig abhalten, zu den höheren Stufen der Unterordnung (des superior und inferior, von denen aber keiner imperans, der andere subjectus ist) durch eigenes Verdienst zu gelangen. Alles andere mag er vererben, was Sache ist, (nicht Persönlichkeit betrift) und als Eigenthum erworben und auch von ihm veräußert werden kann, und so in einer Reihe von Nachkommen eine beträchtliche Ungleichheit in Vermögensumständen unter den Gliedern eines Gemeinen Wesens (des Söldners und Miethers des Gutseigenthümers und der Ackerbauenden Knechte u. s. w.) hervorbringen; nur nicht verhindern, daß diese, wenn ihr Talent, ihr Fleiß und ihr Glück es ihnen möglich macht, sich nicht zu gleichen Umständen zu erheben befugt wären. Denn sonst würde er zwingen dürfen, ohne durch anderer Gegenwirkung wiederum gezwungen werden zu können, und über die Stufe eines Mitunterthans hinausgehen. — Aus dieser Gleichheit kann auch kein Mensch, der in einem rechtlichen Zustande eines Gemeinen Wesens lebt, anders als durch sein eigenes Verbrechen, niemals aber weder durch Vertrag oder durch Kriegsgewalt (occupatio bellica) fallen; denn er kann durch keine rechtliche That (weder seine eigene, noch die eines anderen) aufhören, Eigner seiner selbst zu sein und in die Klasse des Hausviehes eintreten, daß man zu allen Diensten braucht, wie man will, und es auch darin ohne seine Einwilligung erhält, so lange man will, wenn gleich mit der Einschränkung (welche auch wohl, wie bei den Indiern, bisweilen durch die Religion sanktionirt wird), es nicht zu verkrüppeln oder zu tödten. Man kann ihn in jedem Zustande für glüklich annehmen, wenn er sich nur bewußt ist, daß es nur an ihm selbst (seinem Vermögen, oder ernstlichen Willen) oder an Umständen, die er keinem Anderen Schuld geben kann, aber nicht an dem unwiderstehlichen Willen Anderer liege, daß er nicht zu gleicher Stufe mit Anderen hinaufsteigt, die, als seine Mitunterthanen, hierin, was das Recht betrift, vor ihm nichts voraus haben. *)

---

*) Wenn man mit dem Wort **gnädig** einen bestimmten (von gütig, wohlthätig, schützen u. dergl. noch unterschiedenen) Begrif verbinden will, so kann es nur demjenigen beigelegt werden, gegen welchen kein Zwangsrecht Statt hat. Also nur das Oberhaupt der Staatsverwaltung, der alles Gute, was nach öffentlichen Gesetzen möglich ist, bewirkt und ertheilt, (denn der Suverän, der sie giebt, ist gleichsam unsichtbar: er ist das personifizirte Gesetz selbst, nicht Agent) kann gnädiger Herr betitelt werden, als der Einzige, wider den kein Zwangsrecht Statt hat. So ist selbst in einer Aristokratie, wie z. B. in Venedig, der Senat der einzige gnädige Herr; die Nobili welche ihn ausmachen sind insgesammt, selbst den Doge nicht ausgenommen (denn nur der große Rath ist der Suverän) Unterthanen, und, was die Rechtsausübung betrift, allen anderen gleich, nehmlich daß gegen jeden derselben ein Zwangsrecht dem

3. **Die Selbstständigkeit** (sibisufficientia) eines Gliedes des Gemeinen Wesens als Bürgers, d. i. als Mitgesetzgebers. In dem Punkte der Gesetzgebung selbst sind Alle, die unter schon vorhandenen öffentlichen Gesetzen frei und gleich sind, doch nicht, was das Recht betrift, diese Gesetze zu geben, alle für gleich zu achten. Diejenigen, welche dieses Rechts nicht fähig sind, sind gleichwohl, als Glieder des Gemeinen Wesens, der Befolgung dieser Gesetze unterworfen,

---

Unterthan zukömmt. Prinzen (d. i. Personen denen ein Erbrecht auf Regierungen zukommt) werden aber nun zwar auch in dieser Ausssicht und wegen jener Ansprüche (hofmäßig, par courtoisie) gnädige Herren genannt; ihrem Besitzstande nach aber sind sie doch Mitunterthanen, gegen die auch dem geringsten ihrer Diener vermittelst des Staatsoberhaupts ein Zwangsrecht zukommen muß. Es kann also im Staate nicht mehr als einen einzigen Gnädigen Herrn geben. Was aber die Gnädige (eigentlich vornehme) Frauen betrift, so können sie so angesehen werden, daß ihr S t a n d zusammt ihrem G e s ch l e ch t (folglich nur gegen das m ä n n l i ch e) sie zu dieser Betitelung berechtige, und das vermöge der Verfeinerung der Sitten (Galanterie genannt), nach welcher das männliche sich desto mehr selbst zu ehren glaubt, als es dem schönen Geschlecht, über sich Vorzüge einräumt.

und dadurch des Schutzes nach denselben theilhaftig; nur nicht als Bürger, sondern als Schutzgenossen. — Alles Recht hängt nehmlich von Gesetzen ab. Ein öffentliches Gesetz aber, welches für Alle das, was ihnen rechtlich erlaubt oder unerlaubt sein soll, bestimmt, ist der Aktus eines öffentlichen Willens, von dem alles Recht ausgeht, und der also selbst niemand muß Unrecht thun können. Hiezu aber ist kein anderer Wille, als der des gesammten Volks (da Alle über Alle, mithin ein jeder über sich selbst beschließt), möglich: denn nur sich selbst kann niemand unrecht thun. Ist es aber ein anderer, so kann der bloße Wille eines von ihm Verschiedenen über ihn nichts beschließen, was nicht unrecht sein könnte; folglich würde sein Gesetz noch ein anderes Gesetz erfordern, welches seine Gesetzgebung einschränkte, mithin kann kein besonderer Wille für ein Gemeines Wesen gesetzgebend sein. (Eigentlich kommen, um diesen Begrif auszumachen, die Begriffe der äußeren Freiheit, Gleichheit, und Einheit des Willens Aller zusammen, zu welcher letzteren, da Stimmgebung erfordert wird, wenn beide erstere zusammen genommen werden, Selbstständigkeit die Bedingung ist). Man nennt dieses Grundgesetz, das nur aus dem allgemeinen (Vereinigten)

Volkswillen entspringen kann, den ursprünglichen Vertrag.

Derjenige nun, welcher das Stimmrecht in dieser Gesetzgebung hat, heißt ein Bürger citoyen, d. i. Staatsbürger, nicht Stadtbürger, Bourgeois). Die dazu erforderliche Qualität ist, außer der Natürlichen, (daß es kein Kind, kein Weib sei), die einzige: daß er sein eigener Herr (sui juris) sei, mithin irgend ein Eigenthum habe (wozu auch jede Kunst, Handwerk, oder schöne Kunst, oder Wissenschaft gezählt werden kann) welches ihn ernährt: d. i. daß er, in denen Fällen, wo er von Andern erwerben muß um zu leben, nur durch Veräußerung dessen, was sein *) ist erwerbe, nicht durch Bewilligung,

---

*) Derjenige, welcher ein opus verfertigt, kann es durch Veräußerung an einen andern bringen, gleich als ob es sein Eigenthum wäre. Die praestatio operae aber ist keine Veräußerung. Der Hausbediente, der Ladendiener, der Taglöhner, selbst der Frisör sind bloß operarii, nicht artifices (in weiterer Bedeutung des Worts), und nicht Staatsglieder, mithin auch nicht Bürger zu seyn qualifizirt. Obgleich der, welchem ich mein Brennholz aufzuarbeiten, und der Schneider, dem ich mein Tuch gebe, um daraus ein Kleid zu machen, sich in ganz ähn-

die er anderen giebt von seinen Kräften Gebrauch zu machen, folglich daß er niemanden als dem Gemeinen Wesen im eigentlichen Sinne des Worts diene. Hier sind nun Kunstverwandte und große (oder kleine) Gutseigenthümer alle einander gleich, nehmlich jeder nur zu einer Stimme berechtigt. Denn, was die letztern betrift, ohne einmal die Frage in Anschlag zu bringen: wie es doch mit Recht zugegangen sein mag, daß jemand mehr Land zu eigen bekommen hat als er mit seinen Händen selbst benutzen konnte (denn die Erwerbung durch Kriegsbemächtigung ist keine erste Erwerbung); und wie es zuging, daß viele Menschen, die sonst

lichen Verhältnissen gegen mich zu befinden scheinen, so ist doch jener von diesem, wie Frisör vom Perückenmacher (dem ich auch das Haar dazu gegeben haben mag), also wie Taglöhner vom Künstler oder Handwerker, der ein Werk macht, das ihm gehört so lange er nicht bezahlt ist, unterschieden. Der letztere, als Gewerbtreibende, verkehrt also sein Eigenthum mit dem Anderen (opus), der erstere den Gebrauch seiner Kräfte den er einem Anderen bewilligt (operam) — Es ist, ich gestehe es, etwas schwer die Erforderniß zu bestimmen, um auf den Stand eines Menschen, der sein eigener Herr ist, Anspruch machen zu können.

insgesammt einen beständigen Besitzstand hätten erwerben können, dadurch dahin gebracht sind, jenem bloß zu dienen, um leben zu können? so würde es schon wider den vorigen Grundsatz der Gleichheit streiten, wenn ein Gesetz sie mit dem Vorrecht des Standes privilegirte, daß ihre Nachkommen entweder immer große Gutseigenthümer (der Lehne) bleiben sollten, ohne daß sie verkauft oder durch Vererbung getheilt und also mehreren im Volk zu Nutze kommen dürften, oder, auch selbst bei diesen Theilungen, niemand als der zu einer gewissen willkürlich dazu angeordneten Menschenklasse Gehörige davon etwas erwerben könnte. Der große Gutsbesitzer vernichtigt nehmlich so viel kleinere Eigenthümer mit ihren Stimmen, als seinen Platz einnehmen könnten; stimmt also nicht in ihrem Namen, und hat mithin nur Eine Stimme. — Da es also bloß von dem Vermögen, dem Fleiß und dem Glük jedes Gliedes des Gemeinen Wesens abhängend gelassen werden muß, daß jeder einmal einen Theil davon und alle das Ganze erwerben, dieser Unterschied aber bei der allgemeinen Gesetzgebung nicht in Anschlag gebracht werden kann; so muß nach den Köpfen derer, die im Besitzstande sind, nicht nach der Größe

D

der Besitzungen, die Zahl der Stimmfähigen zur Gesetzgebung beurtheilt werden.

Es müssen aber auch Alle, die dieses Stimmrecht haben, zu diesem Gesetz der öffentlichen Gerechtigkeit zusammenstimmen; denn sonst würde zwischen denen die dazu nicht übereinstimmen und den ersteren ein Rechtstreit sein, der selbst noch eines höheren Rechtsprinzips bedürfte um entschieden zu werden. Wenn also das erstere von einem ganzen Volk nicht erwartet werden darf, mithin nur eine Mehrheit der Stimmen und zwar nicht der Stimmenden unmittelbar (in einem großen Volke), sondern nur der dazu Delegirten, als Repräsentanten des Volks, dasjenige ist was allein man als erreichbar voraussehen kann; so wird doch selbst der Grundsatz, sich diese Mehrheit genügen zu lassen; als mit allgemeiner Zusammenstimmung, also durch einen Kontrakt, angenommen, der oberste Grund der Errichtung einer bürgerlichen Verfassung sein müssen.

Folgerung.

Hier ist nun ein ursprünglicher Kontrakt, auf den allein eine bürgerliche, mithin durchgängig rechtliche Verfassung unter Menschen gegründet und ein gemeines Wesen errichtet werden kann. — Allein dieser Vertrag (contractus originarius oder pactum sociale genannt), als Koalizion jedes besondern und Privatwillens in einem Volk zu einem gemeinschaftlichen und öffentlichen Willen (zum Behuf einer bloß rechtlichen Gesetzgebung), ist keinesweges als ein Faktum vorauszusetzen nöthig (ja als ein solches gar nicht möglich); gleichsam als ob allererst aus der Geschichte vorher bewiesen werden müßte, daß ein Volk, in dessen Rechte und Verbindlichkeiten wir als Nachkommen getreten sind, einmal wirklich einen solchen Aktus verrichtet, und eine sichere Nachricht oder ein Instrument davon uns, mündlich oder schriftlich, hinterlassen haben müsse, um sich an eine schon bestehende bürgerliche Verfassung für gebunden zu achten. Sondern es ist eine bloße Idee der Vernunft, die aber ihre unbezweifelte (praktische) Realität hat: nehmlich jeden Gesetzgeber zu verbinden, daß er seine Gesetze so gebe, als sie aus dem vereinigten Willen eines ganzen Volks haben entspringen können, und jeden Unterthan, so fern er Bürger sein will, so anzusehen, als ob er zu einem solchen Willen mit zusammen gestimmet habe. Denn das ist der Probierstein der Rechtmäßigkeit eines jeden öffentlichen Gesetzes. Ist nehmlich dieses so beschaffen, daß ein ganzes Volk unmöglich dazu seine Einstimmung geben könnte (wie z.B. daß eine gewisse Klasse von Unterthanen erblich den Vorzug des Herrenstandes haben sollten), so ist es nicht gerecht; ist es aber nur möglich daß ein Volk dazu zusammen stimme, so ist es Pflicht, das Gesetz für gerecht zu halten: gesetzt auch, daß das Volk itzt in einer solchen Lage, oder Stimmung seiner Denkungsart wäre, daß es, wenn es darum befragt würde, wahrscheinlicherweise seine Bestimmung verweigern würde. *)

---

*) Wenn z. B. eine für alle Unterthanen proporzionirte Kriegssteuer ausgeschrieben würde, so können diese darum, weil sie drückend ist, nicht sagen daß sie ungerecht sei, weil etwa der Krieg, ihrer Meinung nach, unnöthig wäre: denn das sind sie nicht berechtigt zu beurtheilen; sondern, weil es doch immer möglich bleibt, daß er unvermeidlich und die Steuer unentbehrlich sei, so muß sie in dem Urtheile des Unter=thans für rechtmäßig gelten. Wenn aber gewisse Gutseigenthümer in einem solchen Kriege mit Lieferungen belästigt, andere aber desselben Standes damit verschont würden; so sieht man leicht, ein ganzes Volk könne zu einem solchen Gesetz nicht zusammen stimmen, und es ist befugt, wider dasselbe wenigstens Vorstellungen zu thun, weil es diese ungleiche Austheilung der Lasten nicht für gerecht halten kann.

Aber diese Einschränkung gilt offenbar nur für das Urtheil des Gesetzgebers, nicht des Unterthans. Wenn also ein Volk unter einer gewissen itzt wirklichen Gesetzgebung seine Glückseligkeit einzubüßen mit größter Wahrscheinlichkeit urtheilen sollte; was ist für dasselbe zu thun? soll es sich nicht widersetzen? Die Antwort kann nur sein: es ist für dasselbe nichts zu thun, als zu gehorchen. Denn die Rede ist hier nicht von Glückseligkeit, die aus einer Stiftung oder Verwaltung des gemeinen Wesens für den Unterthan zu erwarten steht; sondern allererst bloß vom Rechte, das dadurch einem jeden gesichert werden soll: welches das oberste Prinzip ist, von welchem alle Maximen, die ein gemeines Wesen betreffen, ausgehen müssen, und das durch kein anderes eingeschränkt wird. In Ansehung der ersteren (der Glückseligkeit) kann gar kein allgemein gültiger Grundsatz für Gesetze gegeben werden. Denn, so wohl die Zeitumstände, als auch der sehr einander widerstreitende und dabei immer veränderliche Wahn, worin jemand seine Glückseligkeit setzt, (worin er sie aber setzen soll, kann ihm niemand vorschreiben) macht alle feste Grundsätze unmöglich, und zum Prinzip der Gesetzgebung für sich allein untauglich. Der Satz: Salus publica suprema civitatis lex est, bleibt in seinem unverminderten Werth und Ansehen; aber das öffentliche Heil, welches zuerst in Betrachtung zu ziehen steht, ist gerade diejenige gesetzliche Verfassung, die jedem seine Freiheit durch Gesetze sichert: wobei es ihm unbenommen bleibt, seine Glückseligkeit auf jedem Wege, welcher ihm der beste dünkt, zu suchen, wenn er nur nicht jener allgemeinen gesetzmäßigen Freiheit, mithin dem Rechte anderer Mitunterthanen, Abbruch thut.

Wenn die oberste Macht Gesetze giebt, die zunächst auf die Glückseligkeit (die Wohlhabenheit der Bürger, die Bevölkerung u. dergl.) gerichtet sind; so geschieht dieses nicht als Zweck der Errichtung einer bürgerlichen Verfassung, sondern bloß als Mittel, den rechtlichen Zustand vornehmlich gegen äußere Feinde des Volks zu sichern. Hierüber muß das Staatsoberhaupt befugt sein, selbst und allein zu urtheilen, ob dergleichen zum Flor des gemeinen Wesens gehöre, welcher erforderlich ist, um seine Stärke und Festigkeit sowohl innerlich, als wider äußere Feinde, zu sichern; so aber das Volk nicht gleichsam wider seinen Willen glücklich zu machen, sondern nur zu machen daß es als gemeines

Wesen existire *). In dieser Beurtheilung, ob jene Maaßregel klüglich genommen sei oder nicht, kann nun zwar der Gesetzgeber irren, aber nicht in der, da er sich selbst fragt, ob das Gesetz auch mit dem Rechtsprinzip zusammen stimme oder nicht; denn da hat er jene Idee des ursprünglichen Vertrags zum unfehlbaren Richtmaaße, und zwar a priori, bei der Hand (und darf nicht, wie beim Glückseligkeitsprinzip, auf Erfahrungen harren, die ihm von der Tauglichkeit seiner Mittel allererst belehren müssen.) Denn wenn es sich nur nicht widerspricht, daß ein ganzes Volk zu einem solchen Gesetze zusammen stimme, es mag ihm auch so sauer ankommen wie es wolle; so ist es dem Rechte gemäß. Ist aber ein öffentliches Gesetz diesem gemäß, folglich in Rücksicht auf das Recht untadelich, (irreprehensibel); so ist damit auch die Befugniß

---

*) Dahin gehören gewisse Verbote der Einfuhr, damit die Erwerbmittel dem Unterthanen zum Besten und nicht zum Vortheil der Auswärtigen und Aufmunterung des Fleißes Anderer befördert werden, weil der Staat, ohne Wohlhabenheit des Volks, nicht Kräfte genug besitzen würde, auswärtigen Feinden zu widerstehen, oder sich selbst als gemeines Wesen zu erhalten.

zu zwingen, und auf der anderen Seite das Verbot sich dem Willen des Gesetzgebers ja nicht thätlich zu widersetzen verbunden: d. i. die Macht im Staate, die dem Gesetze Effekt giebt, ist auch unwiderstehlich (irresistibel), und es existirt kein rechtlich bestehendes gemeines Wesen ohne eine solche Gewalt, die allen innern Widerstand niederschlägt, weil dieser einer Maxime gemäß geschehen würde, die, allgemein gemacht, alle bürgerliche Verfassung zernichten und den Zustand, worin allein Menschen im Besitz der Rechte überhaupt sein können, vertilgen würde.

Hieraus folgt: daß alle Widersetzlichkeit gegen die oberste gesetzgebende Macht, alle Aufwiegelung, um Unzufriedenheit der Unterthanen thätlich werden zu lassen, aller Aufstand, der in Rebellion ausbricht, das höchste und strafbarste Verbrechen im gemeinen Wesen ist; weil es dessen Grundfeste zerstört. Und dieses Verbot ist unbedingt, so daß, es mag auch jene Macht oder ihr Agent, das Staatsoberhaupt, so gar den ursprünglichen Vertrag verletzt und sich dadurch des Rechts Gesetzgeber zu sein, nach dem Begriff des Unterthans, verlustig gemacht haben, indem sie die Regierung bevollmächtigt durchaus gewalthätig (tyrannisch) zu verfahren; dennoch dem Unterthan kein Widerstand, als

Gegengewalt, erlaubt bleibt. Der Grund davon ist: weil bei einer schon subsistirenden bürgerlichen Verfassung das Volk kein zu Recht beständiges Urtheil mehr hat, zu bestimmen: wie jene solle verwaltet werden. Denn man setze: es habe ein solches, und zwar dem Urtheile des wirklichen Staatsoberhaupts zuwider; wer soll entscheiden, auf wessen Seite das Recht sei? Keiner von beiden kann es, als Richter in seiner eigenen Sache, thun. Also müßte es noch ein Oberhaupt über dem Oberhaupte geben, welches zwischen diesem und dem Volk entschiede; welches sich widerspricht. — Auch kann nicht etwa ein Nothrecht (Jus in casu necessitatis), welches ohnehin, als ein vermeintes Recht, in der höchsten (physischen) Noth Unrecht zu thun, ein Unding ist *), hier eintreten, und zur He-

---

*) Es giebt keinen Casus necessitatis, als in dem Fall, wo Pflichten: nehmlich **unbedingte** und (zwar vielleicht große, aber doch) **bedingte Pflicht**, gegen einander streiten; z. B. wenn es auf Abwendung eines Unglüks vom Staat durch den Verrath eines Menschen ankömmt, der gegen einen Andern in einem Verhältniß, etwa wie Vater und Sohn, stände. Diese Abwendung des Uebels des Ersteren ist unbedingte, die des Unglüks des letzteren aber nur bedingte Pflicht

bung des die Eigenmacht des Volks einschränkenden Schlagbaums den Schlüssel hergeben. Denn das Oberhaupt des Staats kann eben sowohl sein hartes Verfahren gegen die Unterthanen durch ihre Wiederspänstigkeit, als diese ih-

---

(nehmlich so fern er sich nicht eines Verbrechens wider den Staat schuldig gemacht hat). Die Anzeige, die der letztere von der Unternehmung des ersteren der Obrigkeit machen würde, thut er vielleicht mit dem größten Widerwillen, aber durch Noth (nehmlich die moralische) gedrungen. — Wenn aber von einem, welcher einen andern Schiffbrüchigen von seinem Brett stößt, um sein eignes Leben zu erhalten, gesagt wird: er habe durch seine Noth (die phisische) ein Recht dazu bekommen; so ist das ganz falsch. Dann, mein Leben zu erhalten, ist nur bedingte Pflicht (wenn es ohne Verbrechen geschehen kann); einem Andern aber, der mich nicht beleidigt, ja gar nicht einmal in Gefahr das Meinige zu verlieren bringt, es nicht zu nehmen, ist unbedingte Pflicht. Die Lehrer des allgemeinen bürgerlichn Rechts verfahren gleichwohl mit der rechtlichen Befugniß, die sie dieser Nothhülfe zugestehen, ganz konsequent. Denn die Obrigkeit kann keine Strafe mit dem Verbot verbinden, weil diese Strafe der Tod sein müßte. Es wäre aber ein ungereimtes Gesetz, jemanden den Tod androhen, wenn er sich in gefährlichen Umständen dem Tode nicht freiwillig überlieferte.

ren Aufruhr durch Klage über ihr ungebührliches Leiden gegen ihn zu rechtfertigen meinen; und wer soll hier nun entscheiden? Wer sich im Besitz der obersten öffentlichen Rechtspflege befindet, und das ist gerade das Staatsoberhaupt, dieses kann es allein thun; und niemand im gemeinen Wesen kann also ein Recht haben, ihm diesen Besitz streitig zu machen.

Gleichwohl finde ich achtungswürdige Männer, welche die Befugniß des Unterthans zur Gegengewalt gegen seinen Obern unter gewissen Umständen behaupten, unter denen ich hier nur den in seinen Lehren des Naturrechts sehr behutsamen, bestimmten und bescheidenen Achenwall anführen will *). Er sagt: „Wenn die Gefahr, die dem gemeinen Wesen aus längerer „Duldung der Ungerechtigkeit des Oberhaupts „droht, größer ist als von Ergreifung der Waffen gegen ihn besorgt werden kann; alsdann „könne das Volk jenem widerstehen, zum Behuf „dieses Rechts von seinem Unterwerfungsvertrag „abgehen, und ihn als Tyrannen entthronen." Und er schließt darauf: „Es kehre das Volk auf

---

*) Jus Naturae Editio 5ta. Pars posterior, §§. 203 — 206.

„solche Art (Beziehungsweise auf seinen vorigen „Oberherrn) in den Naturzustand zurük."

Ich glaube gern, daß weder Achenwall, noch irgend einer der wackeren Männer, die hierüber mit ihm einstimmig vernünftelt haben, je in irgend einem vorkommenden Fall zu so gefährlichen Unternehmungen ihren Rath oder Beistimmung würden gegeben haben; auch ist kaum zu bezweifeln, daß, wenn jene Empörungen, wodurch die Schweiz, die vereinigten Niederlanden, oder auch Großbritannien ihre itzige für so glüklich gepriesene Verfassung errungen haben, mißlungen wären, die Leser der Geschichte derselben in der Hinrichtung ihrer itzt so erhobenen Urheber nichts als verdiente Strafe großer Staatsverbrecher sehen würden. Denn der Ausgang mischt sich gewöhnlich in unsere Beurtheilung der Rechtsgründe, ob zwar jener ungewiß war, diese aber gewiß sind. Es ist aber klar, daß, was die letzteren betrift, — wenn man auch einräumt, daß durch eine solche Empörung dem Landesherrn (der etwa eine joyeuse entrée, als einen wirklichen zum Grunde liegenden Vertrag mit dem Volk, verletzt hätte) kein Unrecht geschähe, — das Volk doch durch diese Art ihr Recht zu suchen im höchsten Grade Unrecht gethan habe; weil dieselbe (zur Maxime angenommen) alle rechtliche Verfassung unsicher macht, und den Zustand einer völligen Gesetzlosigkeit (status naturalis), wo alles Recht aufhört, wenigstens Effekt zu haben, einführt. — Nur will ich, bei diesem Hange so vieler wohldenkenden Verfasser dem Volk (zu seinem eigenen Verderben) das Wort zu reden, bemerken: daß dazu theils die gewöhnliche Täuschung, wenn vom Prinzip des Rechts die Rede ist, das Prinzip der Glükseligkeit ihren Urtheilen unterzuschieben, die Ursache sei; theils auch, wo kein Instrument eines wirklich dem gemeinen Wesen vorgelegten, vom Oberhaupt desselben akceptirten und von beiden sanktionirten, Vertrags anzutreffen ist, sie die Idee von einem ursprünglichen Vertrag, die immer in der Vernunft zum Grunde liegt, als Etwas, welches wirklich geschehen sein müsse, annahmen, und so dem Volke immer die Befugniß zu erhalten meinten, davon bei einer groben, aber von ihm selbst dafür beurtheilten Verletzung nach seinem Gutdünken abzugehen*).

---

*) Es mag auch immer der wirkliche Vertrag des Volks mit dem Oberherren verletzt sein: so kann dieses doch alsdann nicht sofort **als gemeines Wesen**, sondern nur durch Rottirung entgegenwirken. Denn die bisher bestandene Ver-

Man sieht hier offenbar, was das Prinzip der Glükseligkeit (welche eigentlich gar keines bestimmten Prinzips fähig ist) auch im Staatsrecht für Böses anrichtet, so wie es solches in der Moral thut, auch selbst bei der besten Meinung die der Lehrer desselben beabsichtigt. Der Souverän will das Volk nach seinen Begriffen glücklich machen, und wird Despot; das Volk will sich den allgemeinen menschlichen Anspruch auf eigene Glükseligkeit nicht nehmen lassen, und wird Rebell. Wenn man zu allererst gefragt hätte, was Rechtens ist (wo die Prinzipien a

fassung war vom Volk zerrissen; die Organisation aber zu einem neuen gemeinen Wesen sollte allererst noch geschehen. Hier tritt nun der Zustand der Anarchie mit allen ihren Greueln ein, die wenigstens dadurch möglich sind; und das Unrecht, welches hier geschieht, ist alsdann das, was eine jede Partei der andern im Volke zufügt: wie auch aus dem angeführten Beispiel erhellet, wo die aufrührerischen Unterthanen jenes Staats zuletzt einander mit Gewalt eine Verfassung aufdringen wollten, die weit drückender geworden wäre, als die, welche sie verließen; nehmlich von Geistlichen und Aristokraten verzehrt zu werden, statt daß sie unter einem Alle beherrschenden Oberhaupt mehr Gleichheit in Vertheilung der Staatsbürden erwarten konnten.

priori feststehen, und kein Empiriker darin pfuschen kann); so würde die Idee des Sozialkontrakts in ihrem unbestreitbaren Ansehen bleiben: aber nicht als Faktum (wie Danton will, ohne welches er alle in der wirklich existirenden bürgerlichen Verfassung befindliche Rechte und alles Eigenthum für null und nichtig erklärt), sondern nur als Vernunftprinzip der Beurtheilung aller öffentlichen rechtlichen Verfassung überhaupt. Und man würde einsehen: daß, ehe der allgemeine Wille da ist, das Volk gar kein Zwangsrecht gegen seinen Gebieter besitze, weil es nur durch diesen rechtlich zwingen kann; ist jener aber da, eben sowohl kein von ihm gegen diesen auszuübender Zwang Statt finde, weil es alsdann selbst der oberste Gebieter wäre; mithin dem Volk gegen das Staatsoberhaupt nie ein Zwangsrecht (Widersetzlichkeit in Worten oder Werken) zukomme.

Wir sehen auch diese Theorie in der Praxis hinreichend bestätigt. In der Verfassung von Großbritannien, wo das Volk mit seiner Konstituzion so groß thut, als ob sie das Muster für alle Welt wäre, finden wir doch, daß sie von der Befugniß, die dem Volk, im Fall der Monarch den Kontrakt von 1688 übertreten sollte, zusteht, ganz still schweigt; mithin sich gegen ihn, wenn er sie verletzen wollte, weil kein Gesetz hierüber da ist, in Geheim Rebellion vorbehält. Denn daß die Konstituzion auf diesen Fall ein Gesetz enthalte, welches die subsistirende Verfassung, von der alle besondern Gesetze ausgehen, (gesetzt auch der Kontrakt sei verletzt) umzustürzen berechtigte: ist ein klarer Widerspruch; weil sie alsdann auch eine öffentlich konstituirte*) Gegenmacht enthalten müßte, mithin noch ein zweites Staatsoberhaupt, welches die Volksrechte gegen das erstere beschützte, sein müßte, dann aber auch ein Drittes, welches zwischen Beiden, auf wessen Seite das Recht sei, entschiede. — Auch haben jene Volksleiter (oder, wenn man will, Vormünder), besorgt wegen einer solchen Anklage, wenn ihr Unternehmen etwa fehl schlüge, dem von ihnen weggeschreckten Monarchen

---

*) Kein Recht im Staate kann durch einen geheimen Vorbehalt, gleichsam heimtückisch, verschwiegen werden; am wenigsten das Recht, welches sich das Volk, als ein zur Konstituzion gehöriges, anmaßt; weil alle Gesetze derselben als aus einem öffentlichen Willen entsprungen gedacht werden müssen. Es müßte also wenn die Konstituzion Aufstand erlaubte, diese das Recht dazu, und auf welche Art davon Gebrauch zu machen sei, öffentlich erklären.

lieber eine freiwillige Verlaſſung der Regierung angedichtet, als ſich das Recht der Abſetzung deſſelben angemaßt, wodurch ſie die Verfaſſung in offenbaren Widerſpruch mit ſich ſelbſt würden verſetzt haben.

Wenn man mir nun bei dieſen meinen Behauptungen den Vorwurf gewiß nicht machen wird, daß ich durch dieſe Unverletzbarkeit den Monarchen zu viel ſchmeichele; ſo wird man mir hoffentlich auch denjenigen erſparen, daß ich dem Volk zu Gunſten zu viel behaupte, wenn ich ſage, daß dieſes gleichfalls ſeine unverlierbaren Rechte gegen das Staatsoberhaupt habe, obgleich dieſe keine Zwangsrechte ſein können.

Hobbes iſt der entgegengeſetzten Meinung. Nach ihm (de Cive, cap. 7, §. 14) iſt das Staatsoberhaupt durch Vertrag dem Volk zu nichts verbunden, und kann dem Bürger nicht Unrecht thun (er mag über ihn verfügen was er wolle). — Dieſer Satz würde ganz richtig ſein, wenn man unter Unrecht diejenige Läſion verſteht, welche dem Beleidigten ein Zwangsrecht gegen denjenigen einräumt, der ihm Unrecht thut; aber, ſo im Allgemeinen, iſt der Satz erſchrecklich.

Der nicht-wiederſpänſtige Unterthan muß annehmen können, ſein Oberherr wolle ihm nicht

Unrecht thun. Mithin, da jeder Mensch doch seine unverlierbaren Rechte hat, die er nicht einmal aufgeben kann wenn er auch wollte, und über die er selbst zu urtheilen befugt ist; das Unrecht aber, welches ihm seiner Meinung nach widerfährt, nach jener Voraussetzung nur aus Irrthum oder Unkunde gewisser Folgen aus Gesetzen der obersten Macht geschieht: so muß dem Staatsbürger, und zwar mit Vergünstigung des Oberherrn selbst, die Befugniß zustehen, seine Meinung über das, was von den Verfügungen desselben ihm ein Unrecht gegen das gemeine Wesen zu sein scheint, öffentlich bekannt zu machen. Denn, daß das Oberhaupt auch nicht einmal irren, oder einer Sache unkundig sein könne, anzunehmen, würde ihn als mit himmlischen Eingebungen begnadigt und über die Menschheit erhaben vorstellen. Also ist die Freiheit der Feder — in den Schranken der Hochachtung und Liebe für die Verfassung worin man lebt, durch die liberale Denkungsart der Unterthanen, die jene noch dazu selbst einflößt, gehalten, (und dahin beschränken sich auch die Federn einander von selbst, damit sie nicht ihre Freiheit verlieren), — das einzige Palladium der Volksrechte. Denn diese Freiheit ihm auch absprechen zu wollen, ist nicht allein soviel, als ihm allen Anspruch auf Recht in Ansehung des obersten Befehlshabers (nach Hobbes) nehmen, sondern auch dem letzteren, dessen Wille bloß dadurch, daß er den allgemeinen Volkswillen repräsentirt, Unterthanen als Bürgern Befehle giebt, alle Kenntniß von dem entziehen, was, wenn er es wüßte, er selbst abändern würde, und ihn mit sich selbst in Widerspruch setzen. Dem Oberhaupte aber Besorgniß einzuflößen: daß durch selbst- und lautdenken Unruhen im Staate erregt werden dürften, heißt soviel, als ihm Mißtrauen gegen seine eigene Macht, oder auch Haß gegen sein Volk erwecken.

Das allgemeine Prinzip aber, wornach ein Volk seine Rechte negativ, d. i. bloß zu beurtheilen hat, was von der höchsten Gesetzgebung, als mit ihrem besten Willen nicht verordnet, anzusehen sein möchte, ist in dem Satz enthalten: Was ein Volk über sich selbst nicht beschließen kann, das kann der Gesetzgeber auch nicht über das Volk beschließen.

Wenn also z. B. die Frage ist: Ob ein Gesetz, das eine gewisse einmal angeordnete kirchliche Verfassung für beständig fortdaurend anbefohle, als von dem eigentlichen Willen des Gesetzgebers (seiner Absicht) ausgehend angesehen werden könne? so frage man sich zuerst: Ob ein

Volk es sich selbst zum Gesetz machen dürfe, daß gewisse einmal angenommene Glaubenssäze und Formen der äussern Religion für immer bleiben sollen; also ob es sich selbst in seiner Nachkommenschaft hindern dürfe, in Religionseinsichten weiter fortzuschreiten, oder etwanige alte Irrthümer abzuändern? Da wird nun klar, daß ein ursprünglicher Kontrakt des Volks, welcher dieses zum Gesetz machte, an sich selbst null und nichtig sein würde; weil er wider die Bestimmung und Zwecke der Menschheit streitet; mithin ein dardurch gegebenes Gesetz nicht als der eigentliche Wille des Monarchen, dem also Gegenvorstellungen gemacht werden können, anzusehen ist. — In allen Fällen aber, wenn etwas gleichwohl doch von der obersten Gesetzgebung so verfügt wäre, können zwar allgemeine und öffentliche Urtheile darüber gefällt, nie aber wörtlicher oder thätlicher Widerstand dagegen aufgeboten werden.

Es muß in jedem gemeinen Wesen ein Gehorsam, unter dem Mechanismus der Staatsverfassung nach Zwangsgesetzen (die aufs Ganze gehen), aber zugleich ein Geist der Freiheit sein, da jeder, in dem was allgemeine Menschenpflicht betrifft, durch Vernunft überzeugt zu sein verlangt, daß dieser Zwang rechtmäßig sei, damit er nicht mit sich selbst in Widerspruch gerathe. Der erstere, ohne den letzteren, ist die veranlassende Ursache aller geheimen Gesellschaften. Denn es ist ein Naturberuf der Menschheit, sich, vornehmlich in dem, was den Menschen überhaupt angeht, einander mitzutheilen; jene Gesellschaften also würden wegfallen, wenn diese Freiheit begünstigt wird. — Und wodurch andern können auch der Regierung die Kenntnisse kommen, die ihre eigene wesentliche Absicht befördern, als daß sie den in seinem Ursprung und in seinen Wirkungen so achtungswürdigen Geist der Freiheit sich äußern läßt?

* * *

Nirgend spricht eine alle reine Vernunftsprinzipien vorbeigehende Praxis mit mehr Anmaßung über Theorie ab, als in der Frage über die Erfordernisse zu einer guten Staatsverfassung. Die Ursache ist, weil eine lange bestandene gesetzliche Verfassung das Volk nach und nach an eine Regel gewöhnt, ihre Glückseligkeit sowohl als ihre Rechte nach dem Zustande zu beurtheilen, in welchem Alles bisher in seinem ruhigen Gange gewesen ist; nicht aber umgekehrt diesen letzteren nach Begriffen, die ihnen von beiden durch die Vernunft an die Hand gegeben werden, zu schätzen: vielmehr jenen paſſiven Zuſtand immer doch der gefahrvollen Lage noch vorzuziehen, einen Beſſern zu ſuchen (wo. dasjenige gilt, was Hippokrates den Aerzten zu beherzigen giebt: judicium anceps, experimentum periculoſum.) Da nun alle lange genug beſtandenen Verfaſſungen, ſie mögen Mängel haben welche ſie wollen, hierin bei aller ihrer Verſchiedenheit einerlei Reſultat geben, nehmlich mit der, in welcher man iſt, zufrieden zu ſein; ſo gilt, wenn auf das Volkswohlergehen geſehen wird, eigentlich gar keine Theorie, ſondern Alles beruht auf einer der Erfahrung folgſamen Praxis.

Giebt es aber in der Vernunft ſo etwas, als ſich durch das Wort Staatsrecht ausdrücken läßt; und hat dieſer Begrif für Menſchen, die im Antagonism ihrer Freiheit gegen einander ſtehen, verbindende Kraft, mithin objektive (praktiſche) Realität, ohne daß auf das Wohl- oder Uebelbefinden das ihnen daraus entſpringen mag noch hingeſehen werden darf (wovon die Kenntniß bloß auf Erfahrung beruht): ſo gründet es ſich auf Prinzipien a priori (denn, was Recht ſei, kann nicht Erfahrung lehren); und es giebt eine Theorie des Staatsrechts, ohne Einſtimmung mit welcher keine Praxis gültig iſt.

Hiewider kann nun nichts aufgebracht werden, als: daß, ob zwar die Menschen die Idee von ihnen zustehenden Rechten im Kopf haben, sie doch, ihrer Herzenshärtigkeit halber, unfähig und unwürdig wären darnach behandelt zu werden, und daher eine oberste bloß nach Klugheitsregeln verfahrende Gewalt sie in Ordnung halten dürfe und müsse. Dieser Verzweifelungssprung (salto mortale) ist aber von der Art, daß, wenn einmal nicht vom Recht, sondern nur von der Gewalt die Rede ist, das Volk auch die seinige versuchen, und so alle gesetzliche Verfassung unsicher machen dürfe. Wenn nicht etwas ist, was durch Vernunft unmittelbar Achtung abnöthigt (wie das Menschenrecht), so sind alle Einflüsse auf die Willkür der Menschen unvermögend, die Freiheit derselben zu bändigen: Aber wenn, neben dem Wohlwollen, das Recht laut spricht, dann zeigt sich die menschliche Natur nicht so verunartet, daß seine Stimme von derselben nicht mit Ehrerbietung angehört werde. (Tum pietate gravem meritisque si forte virum quem conspexere, silent arrectisque auribus adstant. Virgil.)

III.

Vom Verhältniß der Theorie zur Praxis im Völkerrecht.

In allgemein philanthropischer d. i. kosmopolitischer Absicht betrachtet *).

(Gegen Moses Mendelssohn.)

Ist das menschliche Geschlecht im Ganzen zu lieben; oder ist es ein Gegenstand, den man mit Unwillen betrachten muß, dem man zwar (um nicht Misanthrop zu werden) alles Gute wünscht, es doch aber nie an ihm erwarten, mithin seine Augen lieber von ihm abwenden muß? — Die Beantwortung dieser Frage beruht

---

*) Es fällt nicht so fort in die Augen, wie eine allgemein=philanthropische Voraussetzung auf eine weltbürgerliche Verfassung, diese aber auf die Gründung eines Völkerrechts hinweise, als einen Zustand, in welchem allein die Anlagen der Menschheit gehörig entwickelt werden können, die unsere Gattung liebenswürdig machen; — der Beschluß dieser Numer wird diesen Zusammenhang vor Augen stellen.

auf der Antwort, die man auf eine andere geben wird: Sind in der menschlichen Natur Anlagen, aus welchen man abnehmen kann, die Gattung werde immer zum Bessern fortschreiten; und das Böse itziger und vergangener Zeiten sich in dem Guten der künftigen verlieren? Denn so können wir die Gattung doch wenigstens in ihrer beständigen Annäherung zum Guten lieben, sonst müßten wir sie hassen oder verachten; die Ziererei mit der allgemeinen Menschenliebe (die alsdann höchstens nur eine Liebe des Wohlwollens, nicht des Wohlgefallens, sein würde) mag dagegen sagen was sie wolle. Denn was Böse ist und bleibt, vornehmlich das in vorsetzlicher wechselseitiger Verletzung der heiligsten Menschenrechte, das kann man — auch bei der größten Bemühung, Liebe in sich zu erzwingen — doch nicht vermeiden zu hassen; nicht gerade um Menschen Uebels zuzufügen, aber doch so wenig wie möglich mit ihnen zu thun zu haben.

Moses Mendelssohn war der letzteren Meinung (Jerusalem, Zweiter Abschnitt, S. 44 bis 47), die er seines Freundes Lessings Hypothese von einer göttlichen Erziehung des Menschengeschlechts entgegensetzt. Es ist ihm Hirngespinst: „daß das Ganze, die Menschheit hienie„den, in der Folge der Zeiten immer vorwärts

„rücken und sich vervollkommen solle. — Wir se„hen, sagt er, das Menschengeschlecht im Gan„zen kleine Schwingungen machen; und es that „nie einige Schritte vorwärts, ohne bald nach„her mit gedoppelter Geschwindigkeit in seinen „vorigen Zustand zurück zu gleiten." (Das ist so recht der Stein des Sisyphus; und man nimt, auf diese Art, gleich dem Indier, die Erde als den Büßungsort für alte, itzt nicht mehr erinnerliche, Sünden an). — „Der Mensch geht „weiter; aber die Menschheit schwankt beständig „zwischen festgesetzten Schranken auf und nieder; „behält aber, im Ganzen betrachtet, in allen „Perioden der Zeit ungefähr dieselbe Stufe der „Sittlichkeit, dasselbe Maaß von Religion und „Irreligion, von Tugend und Laster, von Glück„seligkeit (?) und Elend." — Diese Behauptungen leitet er (S. 46) dadurch ein, daß er sagt: „Ihr wollt errathen, was für Absichten die Vor„sehung mit der Menschheit habe? Schmiedet „keine Hypothesen" (Theorie, hatte er diese vor„her genannt); „schauet nur umher auf das, „was wirklich geschieht, und, wenn Ihr einen „Ueberblick auf die Geschichte aller Zeiten wer„fen könnt, auf das, was von jeher geschehen „ist. Dieses ist Thatsache; dieses muß zur Ab„sicht gehört haben, muß in dem Plane der

„Weisheit genehmigt, oder wenigstens mit auf-
„genommen worden sein."

Ich bin anderer Meinung. — Wenn es ein einer Gottheit würdiger Anblick ist, einen tugendhaften Mann mit Widerwärtigkeiten und Versuchungen zum Bösen ringen, und ihn dennoch dagegen Stand halten zu sehen; so ist es ein, ich will nicht sagen einer Gottheit, sondern selbst des gemeinsten aber wohldenkenden Menschen, höchst unwürdiger Anblick, das menschliche Geschlecht von Periode zu Periode zur Tugend hinauf Schritte thun, und bald darauf eben so tief wieder in Laster und Elend zurückfallen zu sehen. Eine Weile diesem Trauerspiel zuzuschauen, kann vielleicht rührend und belehrend sein; aber endlich muß doch der Vorhang fallen. Denn auf die Länge wird es zum Possenspiel; und, wenn die Aktöre es gleich nicht müde werden, weil sie Narren sind, so wird es doch der Zuschauer, der an einem oder dem andern Akt genug hat, wenn er daraus mit Grunde abnehmen kann, daß das nie zu Ende kommende Stück ein ewiges Einerlei sei. Die am Ende folgende Strafe kann zwar, wenn es ein bloßes Schauspiel ist, die unangenehmen Empfindungen durch den Ausgang wiederum gut machen. Aber Laster ohne Zahl (wenn gleich mit dazwischen eintretenden

Tugenden) in der Wirklichkeit sich über einander thürmen zu laſſen, damit dereinſt recht viel geſtraft werden könne: iſt wenigſtens nach unſeren Begriffen, ſogar der Moralität eines weiſen Welturhebers und Regierers zuwider.

Ich werde alſo annehmen dürfen: daß, da das menſchliche Geſchlecht beſtändig im Fortrükken in Anſehung der Kultur, als dem Naturzwecke deſſelben, iſt, es auch im Fortſchreiten zum Beſſeren in Anſehung des moraliſchen Zwecks ſeines Daſeins begriffen ſei, und daß dieſes zwar bisweilen unterbrochen, aber nie abgebrochen ſein werde. Dieſe Vorausſetzung zu beweiſen, habe ich nicht nöthig; der Gegner derſelben muß beweiſen. Denn ich ſtütze mich auf meine angeborne Pflicht, in jedem Gliede der Reihe der Zeugungen, — worin ich (als Menſch überhaupt) bin, und doch nicht mit der an mir erforderlichen moraliſchen Beſchaffenheit ſo gut, als ich ſein ſollte, mithin auch könnte, — ſo auf die Nachkommenſchaft zu wirken, daß ſie immer beſſer werde (wovon alſo auch die Möglichkeit angenommen werden muß), und daß ſo dieſe Pflicht von einem Gliede der Zeugungen zum andern ſich rechtmäßig vererben könne. Es mögen nun auch noch ſo viel Zweifel gegen meine Hofnungen aus der Geſchichte gemacht werden, die, wenn sie beweisend wären, mich bewegen könnten, von einer dem Anschein nach vergeblichen Arbeit abzulassen; so kann ich doch, so lange dieses nur nicht ganz gewiß gemacht werden kann, die Pflicht (als das liquidum) gegen die Klugheitsregel aufs unthunliche nicht hinzuarbeiten (als das illiquidum, weil es blosse Hypothese ist) nicht vertauschen; und, so ungewiß ich immer sein und bleiben mag, ob für das menschliche Geschlecht das Bessere zu hoffen sei, so kann dieses doch nicht der Maxime, mithin auch nicht der nothwendigen Voraussezung derselben in praktischer Absicht, daß es thunlich sei, Abbruch thun.

Diese Hofnung besserer Zeiten, ohne welche eine ernstliche Begierde, etwas dem allgemeinen Wohl ersprießliches zu thun, nie das menschliche Herz erwärmt hätte, hat auch jederzeit auf die Bearbeitung der wohldenkenden Einfluß gehabt; und der gute Mendelssohn mußte doch auch darauf gerechnet haben, wenn er für Aufklärung und Wohlfahrt der Nazion, zu welcher er gehörte, so eifrig bemühet war. Denn selbst und für sich allein sie zu bewirken, wenn nicht Andere nach ihm auf derselben Bahn weiter fort giengen, konnte er vernünftiger Weise nicht hoffen. Bei dem traurigen Anblick, nicht so wohl der Uebel, die das menschliche Geschlecht aus Naturursachen drücken, als vielmehr derjenigen, welche die Menschen sich unter einander selbst anthun; erheitert sich doch das Gemüth durch die Aussicht, es könne künftig besser werden: und zwar mit uneigennützigem Wohlwollen, wenn wir längst im Grabe sein, und die Früchte, die wir zum Theil selbst gesäet haben, nicht einärnten werden. Empirische Beweisgründe wider das Gelingen dieser auf Hofnung genommenen Entschließungen, richten hier nichts aus. Denn: daß dasjenige, was bisher noch nicht gelungen ist, darum auch nie gelingen werde, berechtigt nicht einmal eine pragmatische oder technische Absicht (wie z. B. die der Luftfahrten mit Aerostatischen Bällen) aufzugeben; noch weniger aber eine moralische, welche, wenn ihre Bewirkung nur nicht Demonstrativ-unmöglich ist, Pflicht wird. Ueberdem lassen sich manche Beweise geben, daß das menschliche Geschlecht, im Ganzen, wirklich in unserm Zeitalter, in Vergleichung mit allen vorigen, ansehnlich moralisch zum selbst Besseren fortgerückt sei, (kurzdaurende Hemmungen können nichts dagegen beweisen); und daß das Geschrei von der unaufhaltsam zunehmenden Verunartung desselben gerade daher kommt, daß, wenn es auf einer höheren Stufe der Moralität steht, es noch weiter vor sich sieht, und sein Urtheil über das, was man ist, in Vergleichung mit dem, was man sein sollte, mithin unser Selbsttadel immer desto strenger wird, je mehr Stufen der Sittlichkeit wir im Ganzen des uns bekannt gewordenen Weltlaufs schon erstiegen haben.

Fragen wir nun: durch welche Mittel dieser immerwährende Fortschritt zum Besseren dürfte erhalten, und auch wohl beschleunigt werden? so sieht man bald, daß dieser ins unermeßlich Weite gehende Erfolg nicht sowohl das von abhängen werde, was wir thun (z. B. von der Erziehung die wir der jüngeren Welt geben), und nach welcher Methode wir verfahren sollen um es zu bewirken; sondern von dem, was die menschliche Natur in und mit uns thun wird, um uns in ein Gleis zu nöthigen, in welches wir uns von selbst nicht leicht fügen würden. Denn von ihr, oder vielmehr (weil höchste Weisheit zu Vollendung dieses Zwecks erfordert wird) von der Vorsehung allein, können wir einen Erfolg erwarten, der aufs Ganze und von da auf die Theile geht, da im Gegentheil die Menschen mit ihren Entwürfen nur von den Theilen ausgehen, wohl gar nur bei ihnen stehen bleiben, und aufs Ganze, als ein solches, welches für sie zu groß ist, zwar ihre Ideen, aber nicht ihren Einfluß erstrecken können: vornehmlich da sie, in ihren Entwürfen einander widerwärtig, sich aus eigenem freien Vorsatz schwerlich dazu vereinigen würden.

So wie allseitige Gewaltthätigkeit und daraus entspringende Noth endlich ein Volk zur Entschließung bringen mußte, sich dem Zwange, den ihm die Vernunft selbst als Mittel vorschreibt, nehmlich dem öffentlicher Gesetze zu unterwerfen, und in eine staatsbürgerliche Verfassung zu treten; so muß auch die Noth aus den beständigen Kriegen, in welchen wiederum Staaten einander zu schmälern oder zu unterjochen suchen, sie zuletzt dahin bringen, selbst wider Willen, entweder in eine weltbürgerliche Verfassung zu treten; oder, ist ein solcher Zustand eines allgemeinen Friedens (wie es mit übergroßen Staaten wohl auch mehrmalen gegangen ist) auf einer andern Seite der Freiheit noch gefährlicher, indem er den schrecklichsten Despotismus herbei führt, so muß sie diese Noth doch zu einem Zustande zwingen, der zwar kein weltbürgerliches gemeines Wesen unter einem Oberhaupt, aber doch ein rechtlicher Zustand der

Föderazion nach einem gemeinschaftlich verabredeten Völkerrecht ist.

Denn da die fortrückende Kultur der Staaten mit dem zugleich wachsendem Hange, sich auf Kosten der Andern durch List oder Gewalt zu vergrößern, die Kriege vervielfältigen, und durch immer (bei bleibender Löhnung) vermehrte, auf stehendem Fuß und in Disciplin erhaltene, mit stets zahlreicheren Kriegsinstrumenten versehene Heere immer höhere Kosten verursachen muß; indeß die Preise aller Bedürfnisse fortdaurend wachsen, ohne daß ein ihnen proporzionirter fortschreitender Zuwachs der sie vorstellenden Metalle gehoft werden kann; kein Frieden auch so lange dauert, daß das Ersparniß während demselben dem Kostenaufwand für den nächsten Krieg gleich käme, wowider die Erfindung der Staatsschulden zwar ein sinnreiches, aber sich selbst zuletzt vernichtendes Hülfsmittel ist: so muß, was guter Wille hätte thun sollen, aber nicht that, endlich die Ohnmacht bewirken: Daß ein jeder Staat in seinem Inneren so organisirt werde, daß nicht das Staatsoberhaupt, dem der Krieg (weil er ihn auf eines Andern, nehmlich des Volks, Kosten führt) eigentlich nichts kostet, sondern das Volk, dem er selbst kostet,

F

die entscheidende Stimme habe, ob Krieg seyn solle oder nicht (wozu freilich die Realisirung jener Idee des ursprünglichen Vertrags nothwendig vorausgesetzt werden muß). Denn dieses wird es wohl bleiben lassen, aus bloßer Vergrößerungsbegierde, oder um vermeinter, bloß wörtlicher Beleidigungen willen sich in Gefahr persönlicher Dürftigkeit, die das Oberhaupt nicht trift, zu versetzen. Und so wird auch die Nachkommenschaft (auf die keine von ihr unverschuldete Lasten gewälzt werden), ohne daß eben Liebe zu derselben, sondern nur Selbstliebe jedes Zeitalters die Ursache davon sein darf, immer zum Besseren, selbst im moralischen Sinn, fortschreiten können: indem jedes gemeine Wesen, unvermögend einem anderen gewaltthätig zu schaden, sich allein am Recht halten muß, und, daß andere eben so geformte ihm darin zu Hülfe kommen werden, mit Grunde hoffen kann.

Dieses ist indeß nur Meinung und bloß Hypothese: ungewiß, wie alle Urtheile, welche zu einer beabsichtigten Wirkung, die nicht gänzlich in unsrer Gewalt steht, die ihr einzig angemessene Naturursache angeben wollen; und, selbst als eine solche, enthält sie, in einem schon bestehenden Staat, nicht ein Prinzip für den Unterthan sie zu erzwingen (wie vorher gezeigt worden), sondern nur für zwangsfreie Oberhäupter. Ob es zwar in der Natur des Menschen, nach der gewöhnlichen Ordnung, eben nicht liegt, von seiner Gewalt willkürlich nachzulassen, gleichwohl es aber in dringenden Umständen doch nicht unmöglich ist; so kann man es für einen den moralischen Wünschen und Hofnungen der Menschen (beim Bewußtsein ihres Unvermögens) nicht unangemessenen Ausdruck halten, die dazu erforderlichen Umstände von der Vorsehung zu erwarten: welche dem Zwecke der Menschheit im Ganzen ihrer Gattung zu Erreichung ihrer endlichen Bestimmung durch freien Gebrauch ihrer Kräfte, so weit sie reichen, einen Ausgang verschaffen werde, welchem die Zwecke der Menschen, abgesondert betrachtet, gerade entgegen wirken. Denn eben die Entgegenwirkung der Neigungen, aus welchen das Böse entspringt, unter einander, verschafft der Vernunft ein freies Spiel, sie insgesammt zu unterjochen; und, statt des Bösen, was sich selbst zerstört, das Gute, welches, wenn es einmal da ist, sich ferner hin von selbst erhält, herrschend zu machen.

F 2

* * *

Die menschliche Natur erscheint nirgend weniger liebenswürdig, als im Verhältnisse ganzer Völker gegen einander. Kein Staat ist gegen den andern wegen seiner Selbstständigkeit, oder seines Eigenthums, einen Augenblick gesichert. Der Wille einander zu unterjochen oder an dem Seinen zu schmälern, ist jederzeit da; und die Rüstung zur Vertheidigung, die den Frieden oft noch drückender und für die innere Wohlfahrt zerstörender macht, als selbst den Krieg, darf nie nachlassen. Nun ist hierwider kein anderes Mittel, als ein auf öffentliche mit Macht begleitete Gesetze, denen sich jeder Staat unterwerfen müßte, gegründetes Völkerrecht (nach der Analogie eines bürgerlichen oder Staatsrechts einzelner Menschen) möglich; — denn ein daurender allgemeiner Friede, durch die so genannte Balance der Mächte in Europa ist, wie Swifts Haus, welches von einem Baumeister so vollkommen nach allen Gesetzen des Gleichgewichts erbauet war, daß, als sich ein Sperling drauf setzte, es so fort einfiel, ein bloßes Hirngespinst. — „Aber solchen Zwangsgesetzen, wird man sagen, werden sich Staaten doch nie unterwerfen; und der Vorschlag zu einem allgemeinen Völkerstaat, unter dessen Gewalt sich alle einzelne Staaten freiwillig bequemen sollen, um seinen Gesetzen zu gehorchen, mag in der Theorie eines Abt von St. Pierre, oder eines Rousseau, noch so artig klingen, so gilt er doch nicht für die Praxis: wie er denn auch von großen Staatsmännern, mehr aber noch von Staatsoberhäuptern, als eine pedantisch-kindische aus der Schule hervorgetretene Idee, jederzeit ist verlacht worden."

Ich meinerseits vertraue dagegen doch auf die Theorie, die von dem Rechtsprinzip ausgeht, wie das Verhältniß unter Menschen und Staaten sein soll, und die den Erdengöttern die Maxime anpreiset, in ihren Streitigkeiten jederzeit so zu verfahren, daß ein ſolcher allgemeiner Völkerstaat dadurch eingeleitet werde, und ihn also als möglich (in praxi), und daß er sein kann, anzunehmen; — zugleich aber auch (in subsidium) auf die Natur der Dinge, welche dahin zwingt, wohin man nicht gerne will (fata volentem ducunt, nolentem trahunt). Bei dieser letzteren wird dann auch die menschliche Natur mit in Anschlag gebracht: welche, da in ihr immer noch Achtung für Recht und Pflicht lebendig ist, ich nicht für so versunken im Bösen halten kann, oder will, daß nicht die moralisch-praktische Vernunft nach vielen mißlungenen Versuchen endlich über dasselbe siegen, und sie auch als liebenswürdig darstellen sollte. So bleibt es also auch in kosmopolitischer Rücksicht bei der Behauptung: Was aus Vernunftgründen für die Theorie gilt, das gilt auch für die Praxis.

Königsberg.

I. Kant.